한경 TREND 사회적 관심을 받고 있는 주제를 집중 탐구해 '요즘 세상 이야기'를 전합니다. 소수의 취향부터 다수의 취향까지 우리 모두의 개성만큼 세분화된 문화를 담아 독자들에게 그 가치를 소개합니다.

한경 TREND

웰컴 투
운동맘

운동으로 활력 찾은
운동맘 13인의 리얼스토리

prologue

엄마들의
운동을
응원합니다

'엄마'라는 단어를 들으면 왠지 숙연해집니다.
아이와 남편을 위해 희생하는, 자주 아프면서도 자신보다는 가족을 먼저 돌보는 존재….
흔히 그런 엄마의 모습을 아름답다고 묘사하곤 합니다. 마치 그렇게 살아야 한다는
것처럼요. 실제로 그런가요?
정작 자신은 몸이 아프면서도 아이를 위해 희생한다는 이야기는 말이 안 됩니다.
엄마뿐 아니라 누구든 마찬가지입니다. 아프면 짜증이 나죠. 그리고 그 짜증은 가까운
가족에게 향합니다. 희생은커녕 서로 사이만 안 좋아집니다. 게다가 아프면 엄마로서의
일이든 직장에서의 일이든 제대로 할 수 없습니다. 아픈 건 무조건 안 좋은 겁니다.
자신보다 아이와 남편을 먼저 챙기는 것 역시 마찬가지입니다. 누구나 각자의 자아와
주체성이 있습니다. 자아를 타인을 위해 희생하는 것은 결코 아름다운 일만은 아닙니다.
우리는 아이의 학업이나 남편의 승진을 통해 대리 자아 만족을 하려는 비뚤어진
'희생'을 주변에서 흔히 봅니다.
엄마도 엄마기 전에 사람입니다. 스스로를 아끼고 사랑하지 않으면 가족이든 남이든
나를 사랑할 수 없습니다. 스스로를 아끼는 첫걸음은 건강한 삶을 사는 것입니다.

남윤선 패러다임시프트 대표

운동은 단순히 살을 빼기 위한 수단이 아닙니다. 실제로 운동을 해보면 압니다.
운동이라는 것은 스스로를 사랑하는 가장 기본적인 행위입니다. 오롯이 자신에게
투자하는 시간이기도 하고요. 그렇게 자신에게 투자하다 보면 건강과 멋진 몸을 갖게
됩니다. 더 많은 일을 할 수 있는 체력이 생기고, 누구 앞에도 당당히 나설 수 있는
자존감이 생깁니다. 그제야 일도, 육아도, 가정일도 잘할 수 있게 되죠.
제가 하는 말이 아닙니다. 많은 운동맘을 만났지만 스토리는 비슷했습니다. 출산을 하고
아이를 위해, 가정을 위해 자신을 희생하는 삶을 살다가 결국 건강이 망가집니다.
가족이라도 행복해질 줄 알았건만, 엄마가 아프니 온 가족이 불행해집니다. 결국 자신과
가족을 위해 스스로 건강해지는 게 최선이라는 사실을 깨닫는 과정….
그래서 운동맘들은 말합니다. 운동을 통해 스스로를 사랑하고 건강과 자존감을
되찾으라고. 그래야 정말 좋은 '나'이자 '엄마'가 될 수 있다고요.
그래서 운동맘들의 스토리를 소개합니다. 건강과 자존감을 찾고 이를 기반으로 새로운
도전에 나선 엄마들의 스토리를요. 이 책을 통해 많은 엄마들이 스스로를 더욱 아끼고
사랑하는 계기가 되길 바랍니다.

CONTENTS

Section 1
Heroine's story

16 박도은
엄마지만 철인 3종
경기 선수입니다

24 김은영
희귀병을 이길 힘이
제 안에 있더라고요

32 백혜미
성취감은
힘듦을 이겨요

40 최수희
내일이 기다려져요

48 이진언
좋은 건 같이 해요

56 김현지
출산 후 더
건강해진 비결이요?

64 하윤경
짜릿함에
중독됐어요

72 박보람
두려워하지 마세요

80 이민정
간절함이 있으면
못 할 게 없죠

88 김정원
나에게 뭔가
해주고 싶었어요

96 임다솜
자신감과
여유가 생겼어요

104 전경진
재밌으면
꾸준히 하게 돼요

110 김은화
인생 최고의
순간요?

Opening

04 PROLOGUE
엄마들의
운동을 응원합니다

08 KEYWORD
요즘 운동 핫 키워드

10 SURVEY
지금,
운동하고 있나요?

Section 2
Essay

120 남편놈의 말을 그냥 두지 말기

122 그건 겸손이 아니에요

124 나를 망치는 집착

126 출산 후 다이어트 기초 방정식

128 균형 잡힌 식사, 이것만 기억하세요!

130 오늘부터 '갓생 살기'

132 왜 식단보다 운동이 먼저일까?

134 숫자는 잊어요

136 가짜 배고픔에 속지 않기

138 잠이 중요한 이유

Section 3
Workbook

142

100 DAYS CHALLENGE

요즘 운동 핫 키워드

오운완

'오늘 운동 완료'의 줄임말. 2020년 코로나19 대유행 이후 건강관리에 대한 관심이 높아지면서 **MZ세대를 중심으로 즐겁게 건강을 관리하자는 풍조가 확산되면서 생겨난 신조어다. 오늘 하기로 결심한 운동을 완료하고 셀카와 함께 해시태그로 인증하는 게 트렌드.**

헬린이

'헬스'와 '어린이'의 합성어로, 헬스를 처음 시작하는 초보자를 일컫는다.

F45

프사오

F45 트레이닝을 일컫는 말로, 45분 동안 유산소와 근력 운동을 반복하는 고강도 서킷 트레이닝.

오하운

'오늘 하루 운동'의 줄임말. 운동의 일상화를 의미하는 말로, 규칙적인 자기관리로 **일상에서의 행복과 자존감을 성취하려는 MZ세대의 성향**이 반영된 것이라는 분석이다.

헬시플레저 Healthy Pleasure

건강(health)관리가 즐거워진다(pleasure)는 의미. '건강을 즐겁게 관리한다'는 뜻으로 지속 가능한 건강관리를 추구한다. 코로나19 팬데믹 이후 건강과 보건에 대한 중요성이 대두했는데, 여기에 SNS 인증과 경험·재미를 중요시하는 MZ세대의 특성도 영향을 미쳤다.

근테크

'근육'과 '재테크'의 합성어로, 근육에 투자하는 것을 말한다. 근육은 끊임없이 손상과 재생을 반복하는데 50세 이후 근 손실(근육이 빠지는 현상)이 많아진다. 주 2~3회 근력 운동을 꾸준히 한 사람은 근 손실이 오더라도 상당히 높은 수준의 근력을 유지할 수 있다.

덤벨이코노미

'덤벨'과 '이코노미(경제)'의 합성어로 건강과 체력 관리에 관한 소비가 늘고 관련 시장이 크게 호황을 누리는 경제 현상을 가리키는 신조어.

3대 500

스쿼트, 벤치프레스, 데드리프트를 각각 한 번씩 들어올 수 있는 최대 무게의 총합. 3대 500은 헬스에 미친 사람들의 기준으로 여겨진다.

1일 1샐러드

건강족 사이에서 샐러드가 주식으로 자리 잡으며 하루에 한 끼 샐러드를 먹는 이가 늘고 있다.

워런치

'워킹(walking)'과 '런치(lunch)'의 합성어로, 운동의 필요성을 느끼는 **직장인들이 점심시간에 짬을 내서 걷기 운동**을 하는 것을 말한다.

나포츠족

야간을 뜻하는 '나이트(night)'와 '스포츠(sports)'의 합성어로 야간에 운동을 즐기는 사람들을 칭하는 말.

행복다이어트

'어차피 다이어트할 거면 행복하게 하자'라는 뜻의 줄임말. 단순히 살을 빼서 체중 감량을 하는 것에 의미를 두지 않고 그 안에서 행복을 찾아보자는 요즘 트렌드가 반영됐다.

 **Flexible Vegetarian**

유연함을 뜻하는 '플렉시블(flexible)'과 '베지테리언(vegetarian)'의 합성어. 엄격한 수준의 채색을 실천하지 않으며, 채식주의자 중 가장 낮은 단계의 식습관을 지닌 사람을 일컫는 말.

10,000보 걷기

하루 만 보 걷기 챌린지를 실천하는 사람이 늘고 있다. 만 보 미만이어도 매일 충분히 걸으면 우울증의 위험이 줄어들고 정신 건강, 체중 감량 등 전반적인 삶의 질 향상에 도움이 된다. 건강을 위해서는 최소 30분, 주 5일 걷는 게 좋다.

급찐급빠

'급하게 찐 살을 급하게 뺀다'라는 뜻으로, 과식과 폭식으로 인한 열량이 체지방으로 축적되기 전에 연소시킨다는 의미.

지금, 운동하고 있나요?

헬시플레저 트렌드가 확산되면서 그 어느 때보다 건강에 대한 관심이 높다. 어느새 몸은 건강한 라이프스타일의 상징이 됐다. 근육의 크기는 중요하지 않다. 단기간에 바짝 운동해 바디 프로필을 찍는 것보다 꾸준히 즐겁게 할 수 있으면서 지친 몸과 마음을 되돌리는 회복 운동에 관심이 쏠리고 있다. 운동도 다양해졌다. 헬스, 요가, 필라테스, 러닝, 등산, 조깅, 테니스 등 선택지가 늘었다. 취미가 같은 사람들과 함께 운동하는 그룹 커뮤니티를 찾거나 자투리 시간을 이용해 틈새 운동을 하기도 한다. 엘리베이터를 타지 않고 계단을 오르거나, 강아지 산책을 위해 빠르게 걷거나 뛰는 것처럼. 실제로 사람들은 어떻게 운동하고 있을까.

※ 2023년 2월 28일~3월 7일
한경무크가 성인 여성 331명을
대상으로 설문 조사한 결과

Q 규칙적으로 하는 운동이 있다.

Yes 74.8%   No 25.2%

Q 운동을 하는 이유는?

80.9%
건강한 삶을 살고 싶어서

48.9%
스트레스 해소를 위해서

43.5%
다이어트를 위해서

4.6%
커뮤니티 활동을 하고 싶어서

※ 복수 응답

Q 일주일 동안 운동하는 횟수는?

주 3회
26.7%

19.1% 주 1회

17.6% 주 2회

이어 주 5회 16.8%, 주 4회 10.7%, 주 7회 5.3%, 주 6회 3.8% 순이었다.

Q 규칙적으로 하는 운동은 몇 가지인가?

68.7% 1가지　**23.7%** 2가지　**4.6%** 3가지

3% 기타

Q 어떤 운동을 하나?

1위	2위	3위	공동 4위
		 (러닝머신 포함)	
걷기	헬스	조깅	요가·필라테스

그 밖에 등산, 테니스, 수영, 자전거, 골프, 킥복싱, 볼링, 탁구, 홈트 등의 운동을 하는 것으로 나타났다.　　※ 복수 응답

Q 1회 평균 운동하는 시간은?

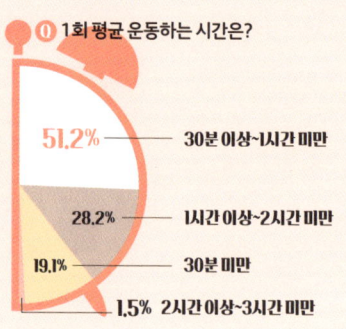

- 51.2% 30분 이상~1시간 미만
- 28.2% 1시간 이상~2시간 미만
- 19.1% 30분 미만
- 1.5% 2시간 이상~3시간 미만

Q 현재 운동 빈도와 양에 대한 만족도는?

- 17.6% 매우 만족스럽다
- 26.0% 만족스럽다
- 28.1% 보통이다
- 17.6% 만족스럽지 않다
- 10.7% 매우 만족스럽지 않다

Q 운동하고 나서 좋은 점은?
※복수 응답

- 53.4% 체력이 좋아졌다
- 45.8% 일상생활에 활력을 되찾았다
- 43.5% 스트레스 해소에 도움이 된다
- 26.7% 자존감이 높아졌다
- 18.3% 나만의 여가 시간이 생겼다

Q 운동 관련 비용은 주로 어디에 쓰나?

 55% 헬스장, 필라테스 등 운동 시설 이용

 31.3% 운동 장비·용품 구입

 6.9% 퍼스널 트레이닝 코치 이용

Q 운동과 병행하는 나만의 관리법은?

- 61.1% 식단
- 54.2% 영양제 섭취
- 20.6% 체형 교정
- 13.7% 건강검진

※복수 응답

Q 앞으로 운동에 더 많은 시간과 돈을 투자할 의향이 있나?

Yes 84.7%

No 15.3%

Q Yes를 선택한 이유는? ※복수 응답

68.7%
건강관리가 미래에 대한 투자라고 생각해서

50.4%
운동을 자기 계발이라고 생각해서

19.8%
운동을 통해 새로운 경험을 할 수 있어서

5.3%
인맥을 늘릴 수 있어서

Q 운동을 함께 즐기는 사람이 있나?

Yes 41.2%   No 58.8%

Q 함께 운동하는 사람은 몇 명인가?

2명 이하 60.8%

14.9% 3명 이상 5명 미만
5.4%   5명 이상 10명 미만
5.4%   10명 이상 15명 미만
13.5% 기타

Q 앞으로 도전해보고 싶은 운동은 무엇인가?

1위	2위
15% 필라테스	13% 수영

3위	공동 4위
12% 클라이밍	10% 헬스·테니스

PART 1

Interview

For Better Me

heroine's story

엄마지만
철인 3종 경기 선수입니다

박도은
40대 초반
—
울산시 철인 3종 경기 선수이자
교육 컨설팅업체 대표인 아들 맘.

체력을 키우는 엄마들이 많아져야 사회의 제도권 안에서 고통받는 아이들이 줄어들 수 있어요. 엄마가 자기 삶에 대한 주체성과 의사결정권을 갖고 있으면 아이도 그렇게 돼요."

Národní Galerie v Praze

뭔가 대단한 걸 이룬 사람을 보면 '에이, 나랑은 다른 사람이네' 생각하고 치워버리기 일쑤다. 어떤 대단한 일이라도 시작은 있는데 말이다. 마이클 조던도 처음 농구공을 잡아본 순간이 있었을 것이다. "마이클 조던은 천재잖아." 맞는 말이다. 사례를 바꿔보자. 천재는커녕 남들보다 훨씬 열악한 환경에서 시작한 케이스로.

엄마다. 자기 사업을 한다. 전국에 강연을 다닌다. 다수의 커뮤니티를 운영한다. 마라톤 풀코스 기록은 3시간 20분대이며, 울산시 철인 3종 경기(수영, 사이클, 마라톤을 연달아 하는 경기) 선수다. 방학 때마다 학생들을 데리고 해외 로드 트립을 다닌다. 해외에서 아이들과 함께 철인 3종 경기 대회에 출전하기도 한다. 여행을 통해 건강하고 주체적인 아이들로 키우기 위해서다. 그 이야기를 담은 <길 위에서 자라는 아이들>이라는 책도 냈다. 박도은 씨 얘기다.

마라톤과 철인 3종 경기라니, 왠지 한국의 엄마로서는 잘 상상이 안 되는 이미지입니다. 원래 운동선수였나요?

운동과는 거리가 멀었어요. 저는 가난한 집안의 막내로 태어났죠. 왜 아들 낳으려다가 끝내 나온 딸 있잖아요. 그게 저였어요. 팔삭둥이로 태어나 아기 때부터 호흡기가 안 좋았고, 아토피가 심했어요. 아토피로 인해 귀 뒤를 빼고는 온몸이 붉고 각질이 심해서 놀림도 많이 받았어요. 성격도 내성적이었고요. 운동하면서 아토피는 깨끗이 없어졌어요.

그게 가능한가요? 지금의 모습과 과거의 모습이 잘 연결되지 않습니다. 무슨 일이 있었던 건가요?

얘기가 좀 긴데요, 제가 열다섯 때 아버지가 돌아가셨어요. 내 맘대로 뭔가를 할 수 없는 삶이었죠. 그래서 결혼을 빨리했어요. 2003년 스물넷에. 원래 결혼하고 유학 갈 예정이었는데, 탈출구가 될 것이라고 생각한 유학이 어그러졌어요. 그리고 2006년에 아이를 낳았어요. 친정엄마가 와서 아이를 돌봐줬죠. 그때 제 사업을 시작했습니다. 지금도 하고 있는 교육 컨설팅 사업인데요, 고생한 엄마한테 잘해주고 싶어서 독하게 일했어요. 그러다 보니 건강은 점점 안 좋아졌죠. 아이가 네 살 때 엄마도 돌아가셨어요. 남편은 그 즈음 해외 파견을 나갔고요. 최악의 상황이었어요. 삶과 죽음의 경계에 있는 기분이랄까. 살기도 싫었고… 그런데 그게 계기가 됐죠.

최악의 순간이 계기가 된 건가요?

아이가 눈에 들어왔어요. 네 살이니 저밖에 의지할 곳이 없잖아요. 아울러 엄마가 돌아가시면서 일 처리를 하다가 약간의 빚이 생겼는데, 그게 또 저를 살게 하더라고요. 그리고 생각했어요. 엄마한테 효도하고 싶어서 열심히 일했는데, 엄마는 돌아가셨잖아요. '삶은 기다려주지 않는구나. 지금 충만하고 행복한 삶을 살아야겠다. 그러려면 건강해야겠다'라는 생각요. 그때부터 운동을 시작했죠. 처음에는 명상 호흡을 하다가 차차 달리기로 넘어갔어요. 달리기를 하다 보니 아토피가 조금씩 좋아지더라고요.

아이를 돌봐줄 사람이 없는데, 일과 운동을 어떻게 병행했나요?

아이를 데리고 다녔어요. 강의할 때도, 운동할 때도요. 어쩔 수 없었어요. 다행히 강의 듣는 학부모님들이 아이를 봐주기도 하고, 많이 도와주었어요.

철인 3종은 어떻게 시작했나요? 동네에서 달리는 것과는 차원이 다른 얘기인데.
저는 교육 컨설팅을 해요. 쉽게 말하면 아이들이 자기가 원하는 것이 무엇인지 찾도록 돕는 일을 하죠. 게임 중독에 빠진 아이들을 컨설팅할 때였어요. 게임 중독을 극복하려면 운동이 최선이겠더라고요. 그런 아이들에게 운동을 시켜야겠다고 생각했고, 그래서 시작한 게 철인 3종 경기였어요. 저는 몸은 약했지만 다행히 성격은 긍정적이었어요. 엄마한테서 물려받았죠. 아이들에게 운동을 시켜야겠다는 목표로 여기저기 찾아다녔어요. 무작정 마라톤 동호회 사람들을 붙들고 "우리도 좀 끼워달라"고도 하고, 울산 최고의 수영 코치에게 연락해 아이들을 좀 가르쳐달라고 하기도 했죠. 그렇게 아이들과 함께 다니다 보니 저도 실력이 점점 좋아졌어요.

책에서 보니 아이들을 데리고 해외여행을 하며 현지 철인 3종 경기에도 출전하던데요. 그 연장선상인가요?
맞아요. 아이들에게 휴대폰도 주지 않고 꽤 고생스러운 여행을 함께 해요. 경험이 가장 큰 교육이니까요. 여행 과정에서 자기들끼리 의사결정을 하고 실패도 하면서 아이들이 주체적으로 변하더라고요. 그렇게 경험이 쌓이면 심지가 단단해져서 나중에 어떤 일이든 열심히 하게 돼요.

"체력을 키우는 엄마가 많아져야 사회의 제도권 안에서 고통받는 아이들이 줄어들 수 있다"라고 말한 적이 있어요. 정확히 무슨 뜻인가요?
저는 18년째 교육 컨설팅업체를 운영하고 있어요. 정말 많은 사례를 봤죠. 그걸 정리해보면 아이는 엄마가 하는 대로 따라 해요. 그래서 엄마가 행복해야 해요. 엄마가 자기 삶에 대한 주체성과 의사결정권을 갖고 있으면 아이도 그렇게 돼요. 반면 엄마가 불안해하고 눈치를 보면 아이도 그렇게 되죠. 엄마가 행복해지기 위해 꼭 필요한 게 체

력이에요. 체력이 좋아지면 컨디션도 좋아지고 행복해져요. 불안해 하지 않게 되고요. 그러고 나면 엄마 스스로 '내가 원하는 인생이 뭔 지'를 깊이 생각하고 아이도 그렇게 키우게 돼요. 아이를 사교육에 내맡기지 않고, 아이가 원하는 것이 뭔지를 생각하는 거죠.

마라톤과 철인 3종 기록을 좀 소개해주세요.

철인 3종은 하프 코스(수영 1.9km, 사이클 90km, 마라톤 21.1km)를 주 종목으로 두고 있는데요, 제 기록은 5시간 9분입니다. 마라톤은 풀코스가 3시간 23분이에요. 10km가 주종목인데, 저는 40분 만에 뜁니다. 헬스장 러닝 머신에서 속도를 15로 두고 40분 뛰면 10km가 나와요.

웬만한 남성보다 좋은 기록이네요. 어떻게 훈련했나요?

처음엔 아이들을 가르치려고 시작했는데 점점 욕심이 나서 개인 훈 련도 하게 됐어요. 한창 훈련할 때는 프로급 코치들에게 지도를 받았

죠. 새벽 4시에 일어나서 지도받고 하루에 6시간씩 운동했어요. 코칭을 받을 땐 돈이 좀 들더라도 좋은 코치한테 받는 게 좋아요. 결과적으로 시간과 돈을 아끼는 길이에요. 물론 운동할 때는 아들과 같이 했고 함께여서 할 수 있었죠. 아이에게도 좋아요. 아이들은 누군가 자기와 놀아주는 걸, 시간을 보내주는 걸 좋아하잖아요? 아이가 크면서 점차 어려운 운동도 같이 했죠.

아이도 운동 실력이 상당하겠어요.

늘 아들과 함께 도전했어요. 살면서 가장 잘한 일을 꼽으라면 아들과 함께 달리기와 철인 3종을 취미로 가진 것이에요.

지금도 그렇게 매일 운동하나요?

일상이 바빠서 그렇게는 못 해요. 그 대신 수시로 운동하려고 노력해요. 가까운 거리를 이동할 땐 뛰어가고, 좀 멀리 갈 때는 자동차 대신 자전거를 타고요. 그리고 1년에 한 번 스스로에게 '스몰 은퇴'를 선물해요. 지난해 하와이에 다녀왔어요. 가서 많이 달리고 자전거도 타여 충전하고 왔습니다.

박도은 님의 루틴

철인 3종 하프 코스   기록 5시간 9분
수영 1.9km · 사이클 90km · 마라톤 21.1km

마라톤 풀코스 42.195km   기록 3시간 23분

마라톤 10km   기록 40분

도은's Say 아들과 함께 한 게 큰 에너지!

운동을 하다 보니 욕심이 나서 프로급 코치들에게 지도를 받았어요. 한창 훈련할 때는 새벽 4시에 일어나 하루 6시간씩 운동했습니다. 아들과 같은 운동 취미를 가진 게 세상에서 제일 잘한 일이에요.

도은's Say 달리기 잘하는 비결!

평소에 몸의 전체적 밸런스를 맞추는 연습을 하세요. 가슴 열고, 허리 세우고, 등을 편 기본자세를요. 아울러 골반이 바르게 정렬되도록 늘 연습하고요. 코어 힘과 하체 힘을 기르세요. 달릴 때는 등 펴고 가슴 열고 허리를 세우세요. 코어에 힘을 딱 주고 키가 커 보이도록 무게중심을 높게, 앞으로 밀어주세요. 어깨에 힘을 빼고 팔은 시계추처럼 움직이세요. 손은 달걀 하나를 살포시 잡은 듯 고정하고, 손이 자연스럽게 횡격막을 스치게 하세요. 그러고 나서 숨이 차도록 달리세요.

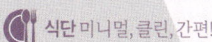

식단 미니멀, 클린, 간편!

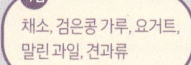

아침
채소, 검은콩 가루, 요거트, 말린 과일, 견과류

\+ 간식 견과류, 흑미 가루

점심 일반식

저녁 삶은 고기, 샐러드 등

(2)
heroine's story

희귀병을 이길 힘이 제 안에 있더라고요

김은영 님
50대 초반
—
노르딕 워킹과 러닝을 즐기는 아들 맘.
의류 쇼핑몰을 운영하며
중년 모델로 활동 중.

❝
몸과 생각이 건강해지니
나이 오십에도 새로운 일에
도전할 수 있게 됐어요. ❞

오십이라는 나이를 무색하게 하는 동안 외모와 밝은 미소, 매일 아침 조깅으로 하루를 시작하는 에너지. 김은영 씨의 일상은 화려하다. 그는 대기업 TV 광고까지 촬영한 잘나가는 모델이자, 빠르게 성장하고 있는 중년 의류 쇼핑몰(김여사)의 오너이기도 하다. 처음부터 그랬을까. 스물네 살에 결혼, 서른둘에 면역 질환 투병 시작, 15년의 전업주부 생활 끝에 마흔에 시작한 사회생활. 시작은 더 밑바닥이었다.

원래는 무슨 일을 했나요?

대학 졸업하고 한 회사에서 비서로 일했어요. 일을 시작하자마자 남자친구의 아버지가 위암 말기로 6개월 선고를 받으셔서 스물네 살에 결혼을 하게 됐죠. 아무런 준비도 없이 화곡동 언덕 꼭대기 단칸방에서 신혼 생활을 시작했어요. 시댁도 경제적으로 어려웠고 저희 둘 다 신입 사원이었죠. 당시 IMF가 왔을 때였어요. 참 어려운 환경이었지만, 삶의 무게가 무엇인지도 모를 때였죠.

어떻게 운동을 시작하게 되었나요?

고생을 하다가 목동에 내 집 마련을 하고 '이제 고생은 끝났구나' 하는 시점에 제가 아프기 시작했어요. 그게 서른두 살, 아이가 다섯 살 때였죠. 온몸에 염증이 돌아가면서 발생하는데 도무지 낫지를 않더라고요. 서너 달 이 병원 저 병원 돌다 고대 감염내과에서 베체트병이 의심된다는 진단을 받았어요. 4년 정도 투병을 했고, 그때부터 살기 위한 공부를 시작했죠. 그중에 가장 중요한 게 운동이었어요.

베체트병은 어떤 질환인가요?

면역체계의 이상으로 온몸에 염증과 궤양이 반복적으로 발생하는 희귀병이에요. 경우에 따라서는 눈 안에 염증이 생겨 시력을 잃을 수도 있고, 장 수술을 할 수도 있어요. 완치도 없고요. 면역 수치가 너무 높거나 낮으면 안돼요. 병원에서는 평생 공주님처럼 조심조심 살아야 한다고 하더라고요.

절망적이었겠어요.
병원만 왔다 갔다 하고 거의 집에만 있었어요. 감기 들면 열이 올라 염증이 더 심해지거나 면역력이 떨어지니 밖에 나갈 수가 없었죠. 음식도 장에 자극이 되면 안돼서 부드러운 것만 먹었고요. 몸무게가 46kg까지 빠졌어요. 참고로 제 키는 168cm입니다. 살림도 할 수 없을 정도로 기운이 없고, 우울증까지 왔어요. 몸이 아프니 남편도 친정 식구도 안 보이고, 아이만 눈에 밟히더라고요. 아이가 스무 살 때까지만 살게 해달라고 매일 기도했죠.

지금은 정말 건강해 보이는데요.
어느 날 병원 검진을 받으려고 버스 타고 가는데, 햇빛이 너무 좋은 거예요. '교통사고로 죽을 수도 있고 사고사로 죽을 수도 있는데, 이 병

에 매여 살다가는 아픈 엄마로, 아픈 아내로 평생 살다가 죽겠구나' 하는 깨달음이 왔어요. 그래서 그날 의사 선생님께 3개월 치 약을 받고 우선 병을 혼자서 다스려보겠다고 말씀드렸어요. 의사 선생님은 쓰러지면 119를 불러 응급실로 바로 들어오라고 하셨어요. '밖으로 좀 나가보자' 하고는 조금씩 운동을 시작했어요. 볕이 제일 좋은 12시쯤 집 앞 공원에 나가 한 바퀴 돌고 왔어요. 아플까 봐 집에 오면 쉬고, 또 그다음 날 몸이 괜찮으면 나서서 돌고, 그렇게 조금씩 거리를 늘려갔죠.

그때 노르딕 워킹이라는 것을 배웠어요. 스틱을 잡고 걷는 거예요. 집에만 있기 싫어서 노르딕 워킹 동호회 같은 데 가서 걷고, 바람 쐬고, 맛있는 것을 먹고 왔어요. 그러면서 몸의 밸런스에 관심을 집중시켰죠. 그러다 보니 규칙적인 삶을 살게 됐어요. 10-11시 전에 자고 아침 5-6시 사이에 일어났죠. 차츰 몸도 좋아졌고, 스스로 내 몸을 지킬 수 있는 힘이 생겼어요. 규칙적인 삶은 지금도 이어지고 있답니다.

그럼 일은 언제부터 했나요?

마흔에 주부 모델 일을 먼저 시작했고요. 마흔일곱 살에 쇼핑몰을 오픈했지요. 아이가 중1이 되면서 사춘기가 심하게 왔어요. 아이가 꽤 공부를 잘했는데, 사춘기가 시작되면서 공부를 놓더라고요. 매일 아이와 싸웠어요. 그러다가 아이와 상담을 받았는데, 선생님이 "아이는 자기 나이대로 잘 자라고 있다. 엄마가 사춘기인 것 같은데 일을 해보는 게 어떻겠냐"라는 조언을 했어요. 그게 서른아홉 살 때였어요. 그때부터 나는 누구인가를 고민하기 시작했죠. "그저 뭐라도 해보자. 마트 캐셔든 정수기 아줌마든 학습지 선생님이든 한 달 용돈 50만 원이라도 벌어보자"라는 마음으로 과감하게 현관문을 나서게 됐죠.

원래 모델이었던 게 아니군요.

그저 평범한 주부였죠. 몸이 나아지고 아이도 손을 좀 놓게 되면서 인생 하반기는 나를 위해 살겠다고 결심하고 나니 무서울 게 없더라

고요. 인터넷에서 우연히 보고 주부 모델이 어떤 일인지 궁금했고, 네이버에 검색해서 한 에이전시를 찾아갔다가 지금까지 모델 일을 하고 있어요.

쇼핑몰은 언제 시작한 거예요?

광고 모델을 시작하고 TV 광고, 회사 홍보 영상, 지면 광고 등 다양한 일을 했어요. 그런데 예쁜 분도 너무 많은 데다 일이 고정적이지 않았어요. 다른 일을 고민하다가 피팅 모델 쪽에 문을 두드렸죠. 그게 잘돼서 한국은 물론 중국에서도 피팅 모델 일을 했어요. 그러다가 코로나19가 터지고 일이 다 끊긴 거예요. 피팅 모델도 해봤겠다 '그냥 내가 쇼핑몰을 차려볼까?' 생각이 들더라고요. 진짜 모르니까 시작한 것 같아요. 그 뒤로 고생을 많이 했습니다.

쇼핑몰을 한 지 얼마 안 되었네요?

마흔일곱에 시작했어요. 오십이 넘으면 더 용기 내기가 쉽지 않을 것 같았거든요. 다행히 회사가 조금씩 성장하고 있는 것 같아요.

현재 몸 상태는 어떠세요?

베체트병에 완치란 없어요. 아마 제 몸 어느 구석에 잠재적으로 남아 있겠지만, 지금은 내가 병을 갖고 있다고 생각해본 적이 없어요. 지금도 꾸준히 몸의 밸런스가 깨지지 않도록 운동과 충분한 수면, 영양을 맞추려고 노력하고 있죠.

히로인스에는 매일 새벽 달리기하는 걸 올리는데요.

두 달 전부터 마라톤과 트레일 러닝에 관심이 생겼어요. 트레일 러닝이 더 강도가 높으니 우선 마라톤을 해보고 싶더라고요. 내년이면 제 나이 오십이 되는데요, 오십 된 기념으로 제 자신에게 마라톤 대회에서 10km 완주를 선물하고 싶어요.

왜 매일 히로인스에 인증을 올리나요?

우선 꾸준히 운동하고 있는 저로서는 엄마들이 운동 인증을 올리는 이 공간이 건강하다고 생각했어요. 이른 결혼과 희귀병과 아이 교육에 절망을 겪었지만, 꾸준한 운동으로 몸이 건강해지고 생각이 건강해지니 오십이 돼도 새로운 일들에 도전하고 있는 제가 누군가에게 용기와 위로가 되었으면 좋겠다는 생각도 들고요. 젊은 엄마들과 함께 나누면서 저도 에너지를 얻고 있어요. 엄마들 모두 늦었다고 생각하지 말고 작은 것부터 시작하길 바라요. 엄마로서 아내로서 며느리로서 딸로서의 삶도 중요하지만, 우선 내가 건강하고 행복해야 그들에게도 나누어줄 여유가 생기는 거니까요. 건강한 삶을 사는 일에 집중했으면 좋겠어요.

김은영 님의 루틴

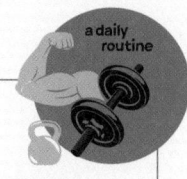

노르딕 워킹의 장점
노르딕 워킹은 전용 스틱을 사용해 걷는 운동으로, 북유럽 크로스컨트리 스키 선수의 하계 운동 방법으로 시작됐다. 상체와 하체를 모두 사용하면서 걷기 때문에 일반적인 걷기보다 칼로리 소모가 많다. 또 스틱을 사용해 신체 일부를 지탱하면서 걷기 때문에 무릎, 발, 엉덩이 등에 가해지는 부담이 적어 관절 질환이 있는 사람도 쉽게 시도할 수 있다.

은영's Say 노르딕 워킹 제대로 하기

상체 똑바로 세우기
어깨를 쭉 펴고 복부에 힘을 주면서 척추를 바르게 편 상태로 걷는다.

팔 곧게 펴기
팔을 뒤쪽으로 쭉 뻗고 걸으면 걸음에 추진력이 붙어 편하게 오래 걸을 수 있다.

스틱과 다리는 수평을 유지하기
적절한 스틱 길이와 각도는 쉽고 바르게 걸을 수 있도록 돕는다. 스틱의 각도는 바닥과 55-65도를 유지하고 뒤쪽 다리와 수평을 이루도록 걷는다.

보폭은 적절하게
어깨너비 정도의 보폭으로 걸으면 올바른 자세를 유지하는 데 도움이 된다.

③
heroine's story

성취감은
힘듦을 이겨요

백혜미
30대 초반
—
크로스피터이자
법원 보안 공무원인 아들 둘 맘.

66
그날의 운동(WOD)을
하고 나면 심장이 터질 것
같고 죽을 듯이 헉헉 대요.
그런 제 모습이 좋아요.

어려서부터 운동을 좋아했다. "여자애가 무슨 운동이냐"라는 부모님의 핀잔에도 고사리손으로 용돈을 모아 태권도장에 다녔다. 경호를 전공했고, 결국 직업이 됐다. 웬만한 남자들도 선뜻 엄두를 못 내는 크로스핏을 2013년부터 시작해 크고 작은 대회에서 입상도 했다. 남편도 크로스핏 체육관에서 만났다. 운동은 삶의 일부이자 즐거움이었다. 누구보다 건강하다고 생각했고, 운동과 건강은 내 삶을 떠나지 않을 것이라 믿었다. 하지만 언제나 그렇듯 인생은 예상대로 흘러가지 않는다.

2013년만 해도 크로스핏이 한국에서 낯선 운동이었잖아요.

저는 법원에서 보안 업무를 해요. 법정의 질서 유지를 맡고 있죠. 피고인이 판결에 불복해서 저항하거나 할 때 에스코트하는 것을 드라마에서 보셨을 텐데, 그게 제 일이에요. 남성을 제압해야 할 때도 있기 때문에 힘이 필요해요. 태권도나 합기도는 워낙 오래해서 새로운 운동을 찾고 있었는데, 헬스 트레이너 친구가 크로스핏을 추천해줘서 시작하게 됐어요.

남편분도 운동하다 만났다고요.

같이 운동하면서 자꾸 말을 걸더라고요. 나중에 알고 보니 의도가 있었는데, 처음엔 몰랐죠. 당시 일주일에 여섯 번 운동했는데, 결국 매일 데이트를 한 셈이죠. 저희 결혼식 소개 영상도 크로스핏으로 찍었고, 이후 '크로스핏 커플'로 네이버 메인에 소개되기도 했어요.

정말 건강하셨겠어요.

2016년에 결혼을 하고 아이를 가질 계획이었어요. 마지막으로 바디프로필도 찍고 대회도 열심히 나갔죠. 그때까지는 건강했어요. 그러다 2017년에 유산이 됐어요. 이듬해에 또, 그리고 또, 세 번의 유산이 이어졌어요. 습관성 유산 판정을 받았죠. 2018년 8월이 돼서야 지금의 첫째를 가질 수 있었어요.

힘드셨겠지만, 그래도 임신이 돼서 다행이네요.

그 뒤가 더 힘들었어요. 첫째를 낳은 후 임신 계획이 없었는데, 6개월 뒤에 둘째가 생겼어요. 첫째 임신 때부터 둘째 낳을 때까지 거의 2년간 꼼짝을 못 했죠. 게다가 둘째를 출산할 때는 과다 출혈로 말 그대로 죽을 뻔했어요.

몸이 많이 안 좋아졌겠어요.

둘째 출산 후 맨몸 스쿼트를 한번 해봤어요. 제가 원래 스쿼트를 100kg 넘게 들었거든요. 맨몸 스쿼트를 하는데, 골반이 아픈 게 아니라 부서지는 것 같았어요. 운동을 오래했기 때문에 잘 알아요. 정말 부서지는 느낌이더라고요.

몸도 몸이지만 더 힘든 건 마음이었어요. 저는 엄청 외향적인 사람이에요. 사람 만나는 것, 땀 흘리는 것, 운동하는 것을 좋아하고요. 그런데 완전히 육아에 묶여버린 거예요. 남편은 평일엔 회식이 잦고 주말에도 약속이 있으니까 저 혼자 있는 시간이 많아졌어요. 내 삶을 잃어버린 느낌이 들었죠. 눕기만 하면 눈물이 났어요.

다시 크로스핏을 하셨잖아요? 그렇게 몸이 안 좋아졌는데 어떻게 운동을 다시 할 생각을 했나요?

둘째가 10개월이 되자 비로소 어린이집에 보낼 수 있었어요. 시간이 생긴 거죠. 뭘 할까 고민했는데 운동 밖에 생각나는 게 없었어요. 몸도 많이 약해졌고, 남편도 살살하라고 해서 처음엔 기구 필라테스를 했죠. 그런데 성이 안 차는 거예요. 결국 두 달 만에 관두고 3년여 만에 다시 크로스핏 체육관을 찾았죠.

많이 아프셨잖아요, 다시 운동을 시작하기 겁나지 않았나요?

무릎이 아프다고 가만히 있으면 그 사람에게는 무릎이 계속 아플 일만 남은 거예요. 근육을 키워서 강화해야죠. 운동했기 때문에 그걸 잘 알고 있었어요.

내게 익숙하던 공간이 낯선 공간이 되면 마음이 힘들 것 같은데, 그만두고 싶지 않았나요?

저를 포기하고 싶지 않았어요. 직장에서 동료들이 "그래도 혜미는 운동을 꾸준히 하네"라고 얘기해주면 자존감이 올라가요. 힘들지만 일어나서 나를 가꾸고 있으니까.

그리고 운동은 정당하게 스스로에게 줄 수 있는 시간이라고 생각해요. 예를 들어 제가 일주일에 세 번 친구를 만나서 차를 마시다 오거나 술을 마시고 오면 남편도 싫어할 것 같아요. 하지만 일주일에 세 번 운동하는 건 이해가 되죠. 내가 건강해지는 것이니까. 나의 건강은 가족의 행복과도 연관이 되고요. 결과적으로 운동을 하면 육아 스트레스가 풀려요.

많은 엄마들이 '해야지 해야지' 하면서 운동을 시작했다가 곧 그만두는 경우가 허다해요.

재미없으면 그만둘 수도 있죠. 편히 그만두세요. 재미있는 운동을 찾을 때까지 이것저것 해보세요. 저도 헬스, 수영, 골프, 자전거, 마라톤, 테니스, 필라테스를 하고 나서 크로스핏에 정착했어요. 뭘 하든 운동하는 시간만큼은 온전히 나에게 집중하며 시간을 보내고 건강도 챙길 수 있으니까요.

왜 건강해지고 싶나요?

아들이 둘 있잖아요. 아이들이 물놀이를 좋아해요. 워터파크 같은데 가면 끝없이 놀죠. 그걸 다 감당할 수 있을 만큼 건강해지고 싶어요. 아이들과 좋은 추억을 만들 수 있게끔. 그리고 곁에 있어준 엄마를 기억하며 "엄마가 우리 엄마여서 너무 좋아"라고 말할 수 있게끔요.

크로스핏의 매력은 뭔가요?

경쟁을 한다는 것, 다양한 운동을 할 수 있어서 지루하지 않다는 것, 오늘은 어떤 운동을 하게 될지 전혀 예상이 안 된다는 것이죠. 보통 크로스핏은 '그날의 운동(Workout Of the Day, WOD)'을 정해서 매일 다른 운동을 해요. WOD를 하면서는 시간을 기준으로 기록 경쟁을 하기도 하고요. WOD를 마치고 나면 심장이 터질 것 같고 죽을 듯이 헉헉 대는데, 그런 제 모습이 좋아요. 오늘도 해냈구나. 성취감이 힘듦을 이기더라고요.

초보자가 하기엔 힘들지 않나요?

힘들지만 운동 효과가 확실해요. 저는 처음 운동하는분이 헬스장에 간다고 할 때 PT를 받는 게 아니라면 말려요. 러닝 머신 위에서 걷고 와봐야 운동이 안 되거든요. 같은 시간이면 크로스핏은 엄청나게 운동을 할 수 있어요. 다이어트를 하고 싶나요? 크로스핏 딱입니다.

역도 선수처럼 바벨 들고 하는 건 무서운데….
    초보자도 할 수 있는 초보자용 WOD가 있어요. 물론 체육관마다 다르지만 옆 사람이 친절하게 가르쳐주기도 해요.

한창 때 실력을 회복한 건가요?
    아뇨. 이제 그렇게는 못 해요. 부상 염려도 있고요. 스스로 통제하는 법을 배우고 있어요. 그래야 운동을 오래하죠. 몸도 물론 바디 프로필 찍을 때 같지는 않지만, 그래도 잘 유지하고 있어요.

크로스핏 체육관을 선택할 때 유의할 점은요.
    크로스핏은 정식 지부가 있고, 아닌 곳이 있어요. 아무래도 정식 지부인 곳이 더 체계적입니다. 또 바벨을 마음대로 던질 수 있는지(바벨 드롭)도 중요해요. 무거운 걸 간신히 들어 올리고 쿵 내려놓는 게 재밌거든요.

백혜미 님의 루틴

헤미's Say **확실한 다이어트 효과!**

1시간 투자해서 이렇게 많이 운동하는 종목은 없어요.
헬스장 러닝 머신 위에서 시간을 보내는 것보다 백배 낫습니다.
심장이 터질 것 같은 짜릿함! WOD를 하고 오늘의 미션을 달성한 순간 느껴지는 성취감!

헤미's Say **크로스핏 체육관 고르는 법**

크로스핏 체육관 중에 정식 지부가 있고, 아닌 곳이 있어요.
아무래도 정식 지부의 WOD와 코치들이 더 믿을 만해요.
넓은 곳, 그리고 1층이나 지하여서 바벨을 마음대로 던질 수 있는 곳으로 선택하세요. 크로스핏은 역시 바벨 던지는 맛!

> **크로스핏이란?**
> 몸의 전반적 기능을 향상시키기 위해 여러 운동을 섞어놓은 것. 역도 선수처럼 바벨을 들기도 하고, 육상 선수처럼 왕복 달리기도 하며, 체조 선수처럼 물구나무를 서기도 해요. 보통 WOD(Workout of Day)라는 그날의 운동 루틴을 정하고, 그 수업에 참여한 사람들이 경쟁하듯 WOD를 수행해요.

 식단 틀을 깨서 재미를 주자!

닭 가슴살을 그대로 먹지 않고 상추에 싸서 쌈장이랑 먹으면 꿀맛. 빵은 참지 말고 곡물빵이나 호밀빵으로 대체해서 먹어요.

아침	점심	저녁	운동 후
달걀 흰자 3개 + 커피	일반식	자유롭게 먹지만 닭고기나 소고기를 꼭 포함	단백질 셰이크 1잔

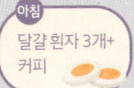  

④
heroine's story

내일이 기다려져요

최수희
40대 초반
—
웨이트트레이닝을 매일 하는
무역회사 과장이자 아들 둘 맘.

66
그동안 나를 괴롭힌
죄책감과 분노, 슬픔에서
벗어나 '나 정도면 꽤
괜찮은 사람'이라고
여기게 됐어요. 99

여행은 누구에게나 즐거운 일이다. 사랑하는 가족과 함께라면 더더욱. 사진에는 추억이 고스란히 담긴다. 우리는 종종 여행 사진을 펼쳐 보며 힘든 일상을 극복하는 힘을 얻는다. 여행을 다녀온 뒤, 최수희 씨는 사진을 보기 꺼려 하는 자신을 발견했다. 사진 속의 내가 보기 싫어서다. 고개를 돌려 거울을 봤다.

"거울 속 내가 나 자신이라고 말하기가 불쌍했어요. 단순히 몸이 불어서만은 아니에요. 지금도 행복하지 않은데, 앞으로도 행복하지 않을 것 같은 느낌이 들었어요. 안쓰럽고, 불쌍하고, 안 됐고….”

그 뒤로 5년 동안, 수희 씨는 매일 새벽에 일어나 운동을 하고 있다. 인생이 백팔십도 바뀌었다. 오죽 드라마틱하게 인생이 바뀌었으면 '간증문'까지 냈다. <마흔, 체력이 능력>이라는 책이다.

운동을 하기 전엔 어땠나요?

완전히 내 시간이 없는 삶이었어요. 아들 둘(현재 6세, 11세)을 키우면서 직장 생활도 이어갔어요. 계속 쫓기듯 살았죠. 점점 우울해졌고요.

왜 우울했나요?

행복하지 않아서였죠. 나 자신을 돌볼 시간이 전혀 없었으니까요. 예전에는 나를 사랑한 것 같은데, 우울해지면서 감정 기복이 심해졌죠. 그 기운이 고스란히 가족에게 갔어요. 남편과도 삐걱대고 아이들에게 화도 많이 내고….

엄마들이 비슷한 고비를 많이 겪는데, 이를 극복하고 5년이나 운동을 계속했다는 게 대단해요. 원래 운동을 좋아하거나 의지력이 강했나요?

몸도 약하고 운동을 딱히 좋아하지 않았어요. 어려서부터 속이 안 좋아서 밀가루나 찬 음식을 먹으면 장염에 자주 걸렸죠. 무릎도 한 번 크게 다쳤고요. 오히려 다시 아프기 싫어서 운동을 계속하게 됐어요.

운동을 지속하기 어렵다는 말을 많이 해요. 어떻게 5년이나 계속했나요?

운동을 시작할 무렵 러닝을 같이 하는 모임에서 아기 엄마를 만났는데, 몸이 참 예뻤어요. 비결을 물었더니 바디 프로필을 찍기 위해 근육운동을 꾸준히 한다고 하더라고요. 그래서 저도 덜컥 바디 프로필 촬영을 예약했어요. 남편에게도 같이 찍자고 했더니 흔쾌히 응해줬어요. 결혼 10주년 기념으로 같이 찍었는데, 그러고 나니 운동이 익숙해졌죠. 생각 많이 안 하고 일단 바프 예약부터 한 게 결과적으로

는 잘한 것 같아요.

물론 첫 바프 때는 욕심을 냈어요. 극단적으로 식사 조절을 하면서. 그러다 보니 몸이 망가지는 느낌이 들어서 '아, 이건 아닌데…' 싶었죠. 그 다음에 바프를 한 번 더 찍었는데, 그때는 지나치게 마른 몸에 집중하기보다는 근육을 만드는 데 집중했어요.

남편분의 협조가 중요할 것 같아요. 어떻게 소통하나요?

무시하듯 말하지 않고 부탁해요. "당신은 왜 이런 것도 안 해줘?"라고 하기보다는 "내가 이런 점이 어려운데 이렇게 좀 해주면 안 될까?"라고 얘기하면 거절을 잘 못 하더라고요.

다이어트도 많이 했나요?

현재 몸무게는 55-56kg 정도예요. 저는 더 이상 몸무게에 신경 쓰지 않아요. 그 대신 근육량과 비만도(BMI)를 보죠. 근육이 많으면 몸무게가 많이 나가도 탄탄해 보이는 효과가 있어요. 그리고 저는 정자세로 푸시업 20개를 할 수 있어요. 몸무게보다 이런 게 훨씬 자랑스러워요.

운동을 하고 무엇이 바뀌었나요?

내일이 기다려지고, 절대 과거로 돌아가고 싶지 않은 삶이 열렸죠. 그동안 나를 괴롭힌 죄책감과 분노, 슬픔에서 벗어나 '나 정도면 꽤 괜찮은 사람'이라고 여기는 삶을 살게 됐어요.

왜 운동과 건강관리가 자존감을 찾는 시작이어야 할까요? 공부를 할 수도 있잖아요.

몸이 아프면 정신이 아프고, 정신이 아프면 아무것도 할 수 없어요. 운동은 예뻐지려고 하는 게 아니에요. 저는 운동을 꾸준히 한 뒤로 면역력이 좋아져서 염증성 질환에 거의 걸리지 않아요. 여성은 30대부터 노화가 시작되잖아요. 가만 있으면 점점 약해져요. 건강은 뭔가를 하기 위한 최소한의 조건이에요. 그 조건을 갖추려면 건강관리가 필요하고요.

언제 운동을 하나요?

매일 새벽 4시 반에 일어나요. 1시간 반 독서와 공부를 하고 6시에 운동하러 가서 7시 반에 와요. 잠을 적게 자는 건 아니에요. 저는 7시간을 못 자면 피곤한 사람이라 9시 반~10시에는 꼭 잠에 들어요. 아이들과도 잘 얘기해서 이제 다들 그 시간이 되면 알아서 자요.

졸리지 않나요?

일어나면 가장 먼저 스트레칭을 해요. 몸이 깨면 뇌가 깨니까요. 그러고 나면 새벽 시간을 알차게 보낼 수 있어요. 이 루틴을 찾기 위해 시행착오를 많이 겪었어요. 처음에는 일어나자마자 영어 공부를 했는데, 그냥 꾸벅꾸벅 졸고 있더라고요. 신체리듬이 사람마다 달라서 각자의 루틴을 찾는 게 중요한 것 같아요.

운동 루틴을 알려주세요.

매일 운동해요. 헬스장 여는 날에는 가서 근력 운동을 하고, 문을 닫는 날에는 밖에서 뛰어요. 여기서 '매일'이 핵심이에요. 왜 주말에 쉬다가 월요일에 회사 가려면 싫잖아요. 운동도 마찬가지예요. 컨디션이 아주 안 좋은 날에도 일단 가요. 가서 휴대폰을 보든 멍을 때리든. 그러면 10분이라도 하게 돼요. 안 한 것보다는 훨씬 나아요. 예외를 만들다 보니 끝도 없어서 아예 예외를 없앴어요.

주로 근력 운동을 많이 하네요. 다들 재미없다고 하는데….

근력 운동은 정말 중요해요. 여자는 원래 근육이 적고 잘 생기지도 않아요. 근육이 없는데 아이 낳고 몸 망가지잖아요? 골다공증 걸릴 일만 남은 거예요. 여자가 남자에 비해 골다공증에 걸릴 확률이 높아요. 여자는 근육량에 따라 노년의 생활수준이 달라져요. 근력 운동은 여자에게 필수라고 생각해요.

최수희 님의 루틴

주 7일 매일! 헬스, 러닝, 사이클, 수영 등 종목은 자유

4시 30분	기상 및 스트레칭	
4시 30분~6시	독서, 영어 공부	
6시~7시 30분	운동	

수희's Say 근력 운동에 익숙해지는 방법

PT를 받고 운동에 재미를 느꼈어요. 3대 근력 운동(스쿼트, 데드리프트, 벤치프레스)을 하면서 근육량이 늘었죠. 프리웨이트만의 재미가 있어요.

수희's Say 근력 운동이 죽어도 싫다면?

운동 종목과 무관하게 매일 운동하기를 추천해요. 1000보 걷기, 계단 오르기 등 대단한 게 아니어도 돼요. 다만 그 시간은 절대 지키세요. 나를 위해 시간을 투자하는 시스템을 만드는 것이 중요해요.

식단 몇 가지 원칙만 지켜요!

1. 운동 후 프로틴 한 잔
2. 일반식 먹을 때 짠 음식은 피하기
3. 배달 음식 먹지 않기
4. 요리할 때 설탕 대신 스테비아나 알룰로스 사용하고 양념보다 원재료 맛을 살리기

좋은 건 같이 해요

이진언
40대 초반
—
러닝과 등산을 좋아하는 작가이자
스타트업 대표인 딸 둘 맘.

> 66
> 매일 아침 40분을 뛰고 나면 '해야 할 일을 하고 있는 사람'이 된 것 같고 자신감이 생겨요. 99

타고난 강골이었지만 두 번의 출산 앞에선 장사가 없었다. 그래서 아침마다 뛰었다. 건강을 되찾았다. 좋았다. 코로나19가 터졌다. 아이들이 답답해했다. 같이 산에 갔다. 더 좋았다. 이 '좋음'을 혼자만 알고 싶지 않았다. 아이들과 산에 가는 것에 대한 노하우와 감상을 담은 책을 썼다. 한술 더 떠 아이와 함께 야외 활동을 하는 프로그램을 판매하는 회사를 창업했다. 운동은 이진언 씨에게 새로운 일에 도전할 힘을 주었고, 그 자체가 새로운 도전이 됐다.

원래 어떤 일을 했나요?

경영학을 전공했지만 글쓰기를 좋아해서 기자로 사회생활을 시작했어요. 편집자 일도 하고, 온라인 마케팅 회사에서도 근무했어요. 그리고 좀 생소하지만, 전남 여수시에 야외에서 즐기는 게임을 론칭했었어요. 경험 융합 콘텐츠인 빅게임이란 장르의 스토리 작가로 참여했습니다. 가족 액티비티 플랫폼 파모(FAMO)를 창업했고요.

정말 많은 일을 하셨네요. 아이를 누가 봐준 건가요?

친정엄마가 봐주시긴 했지만 "넌 한 거 없네"라고 말하면 되게 섭섭해요. 아프면 병원 데리고 다니고 저녁때 밥 차리고 재우고, 할 건 다 했어요.

원래 에너지가 넘치는 스타일인가 봐요.

솔직히 체력은 타고난 것 같아요. 어릴 땐 체육을 엄청 싫어했지만, 성인이 되어선 잘 걷고 쉽게 지치지 않더라고요. 사실 운동을 해서 체력을 키워야겠다는 개념 자체가 없이 살긴 했네요.

그런데 운동은 왜 시작한 건가요?

타고난 체력도 둘째 낳고 나니 꺾이더라고요. 살이 찌고 아프고 붓고…. 어느 날 큰애가 "엄마 곰도 뚱뚱해"라고 노래를 부르는데, 안 되겠다 싶었어요. 저는 여행을 참 좋아하는데, 몸이 약해지면 여행 가기도 힘들어질 테니까요.

스케줄을 보니까 새벽에만 운동할 시간이 나더라고요. 남편과 함께 새벽 6시 헬스장에 가는 것을 목표로 시작했어요. 러닝 머신만 걸었는데도 좋더라고요. 군살도 빠지고, 잔병치레도 줄었죠. 그렇게 걷다가 지인 추천으로 마라톤 대회에 나갔어요. 처음엔 5km 다음엔 10km 식으로 조금씩 늘려갔죠. 최근엔 공원이 많은 동네로 이사해 매일 남편 출근시간에 맞춰 함께 나가 3-4km 정도 걷거나 뛰고 옵니다.

원래는 달리기였군요. 산에는 어쩌다가 가신 건가요? 그것도 애들하고.

마침 휴직을 했을 때 코로나19가 터졌어요. 애들하고 하루 종일 집에만 있어야 하는 형편이었죠. 뭘 할까 고민하고 있는데, 지인이 "같이 산에 가지 않을래?"라고 물었어요. 무작정 가자는 건 아니었고, 전문 산악인분이 이끄는 모임이었죠. 처음엔 고민했어요. 산에 갔다가 알 배겨서 며칠 고생한 경험이 있는 데다 등산을 딱히 좋아하지도 않거든요. "일단 한 번만 가볼까" 하고 시작했죠.

"일단 한 번만 가볼까"가 책과 사업까지 이어졌네요. 얼마나 좋은 경험이었길래, 책 출간과 창업까지 하게 되었나요?

산에 갈 때 우리 가족만 갈 때도 있지만 다른 가족이랑 같이 가기도 합니다. 아이들은 생각보다 잘 걷고 서로 잘 놀아요. 김밥 먹고, 걷고 하면 총 2-4시간 정도 걸리는데, 그 과정에서 얘기도 많이 해서 좋고요. 아이들이 등산을 통해 성취감을 얻으며 성장해요. 큰애가 예민하고 두려움이 많은 아이였는데, 산을 통해 많이 극복했어요. 어느 날에는 "나는 천천히 가지만 그래도 정상을 오를 수 있지"라고 하는 거예요.

'아, 산을 통해 인생의 진리를 깨닫는구나'라고 생각했어요. 저도 마찬가지예요. 산 하나에도 등산로가 수십 개가 있어요. 쉽게 올랐다가 어렵게 내려오는 길도 있고, 어렵게 올랐다가 쉽게 내려오는 길도 있죠. '아, 인생도 비슷하겠구나. 다들 비슷하게 살 필요 없고, 여러 개의 길이 있겠구나'라고 생각했어요. 그래서 창업도 결심했고, 창업 이후 일이 안 풀릴 때도 잘 버틸 수 있었던 것 같아요.

그 경험을 나누기 위해 사업도 시작한 건가요?

등산은 생각보다 진입 장벽이 높은 편이에요. 가고 싶은 마음은 있지만 걱정되는 게 많지요. 하지만 한번 즐겁게 다녀오면 분명 또 가게 됩니다. 저와 아이들은 좋은 분들과 함께 산에 가게 되어 안전하고 즐겁게 다녀올 수 있었는데, 이런 경험은 쉽게 하기 어렵잖아요. 그 경험을 많은 분이 함께 했으면 하는 생각에 책을 쓰게 됐어요.
등산뿐 아니라 다양한 액티비티도 비슷한 경험이 많아 사업 아이템으로 생각해보게 됐고요. 운이 좋게도 이 아이템으로 지난해 예비창업패키지, 예비관광벤처 등에 선정돼 창업할 수 있었습니다.

아이들이 산에 가기 싫어하지 않나요?

좋아하지 않죠. 하지만 경험이 조금씩 쌓이니까 아이들도 저도 등산이 좋다는 것을 알아서 예전처럼 자주는 못 해도 같이 가기는 해요. 아이가 산에 가기 싫어한다면 산보다 편하게 걸을 수 있는 둘레길 위주로 함께 걸으며 즐거운 기억을 만들어주세요. 아이가 어리다면 그 경험으로 다음에는 산에 갈 수 있을 거예요. 제가 책에서 가장 많이 제안한 건 아이와의 대화였어요. 가기 전에 대화하고, 등산하며 대화하고, 다녀와서 함께 다음 계획을 세우는 과정에서 부모도 아이도 산에 대한 좋은 기억을 갖게 될 거예요.

힘들지 않으세요? 육아에 사업까지 하는데, 귀한 시간 쪼개서 뛰고 산을 오르고 하는 게.

좋아하지 않죠. 하지만 등산의 경험이 조금 쌓이니까 아이들도 저도 등산이 좋다는 것을 알아서 예전처럼 자주 가지는 못해도 같이 가기는 해요. 아이가 산에 가기 싫어한다면 산보다 편하게 걸을 수 있는 둘레길 위주로 함께 걸으며 즐거운 기억을 만들어주세요. 아이가 어리다면 그 경험으로 다음에는 산에 갈 수 있을 거예요. 제가 책에서 가장 많이 제안했던 건 아이와 대화였어요. 가기 전에 대화하고 등산하며 대화하고 다녀와서 다음 계획을 세우는 과정에서 부모도 아이도 산에 대한 좋은 기억을 갖게 될 거예요.

꾸준히 운동하면서 개인적으로 가장 좋은 점은 무엇인가요?

아침에 40여 분 뛰잖아요? 그럼 해야 할 일을 한 거예요. 그걸 매일 하면 나는 '해야 할 일을 하고 있는 사람'이 돼요. 그러면 다른 일을 할 수 있다는 자신감이 생겨요.

그 자신감으로 계속 도전을 이어가는 것 같아요.

신랑이 어느 날 문자를 하나 보냈어요. "여보가 매일 아침 조금씩 달리는 이 운동이야말로 최고의 노후 준비인 것 같아"라고 곱씹을수록 좋은 말이더라고요. 연금을 넣고 투자를 많이 하지는 못하지만, 계속 운동한 덕에 건강은 물론 새로운 도전을 계속 하고 있으니 그 말이 정말 맞는 것 같아요.

밖에서 뛰는 운동을 선택한 이유는 무엇인가요?

워킹맘이어서 시간이 아침밖에 없었어요. 헬스를 제대로 배우고 싶었는데, 저희 동네에는 새벽 타임에 트레이너 선생님이 안 계시더라고요. 동호회도 주로 밤에만 있고, 강습을 받으려니 저녁 시간에 아이들을 케어할 수가 없어서 포기했죠. 마라톤을 준비하며 밖에서 뛰기 시작했는데, 러닝 머신 위에서 뛰는 것보다 자연에서 뛰는 게 훨씬 기분이 좋더라고요. 제가 자연을 좋아하기도 하지만, 시시각각 변

하는 풍경을 보면서 걷거나 뛰면 생각도 정리되고 힐링되는 느낌이에요. 최근에는 남편과 매일 아침 출근길에 동행하는데, 짧고 굵게 대화의 시간을 갖는 것도 큰 즐거움입니다.

운동을 시작한 뒤 조금 하다 그만두는 엄마들이 많아요. 진언 님은 어떻게 꾸준히 할 수 있었나요?

일단 너무 힘들게 하려고 하지 않아요. 마라톤을 준비할 때는 열심히 뛰지만, 그 외에는 걷다가 뛰다가 해요. 마라톤에 나간 이후에는 인증이 재미있었어요. 평생 운동을 안 하던 사람이라 SNS에 인증하고 사람들이 "대단하다"라고 해주는 게 좋았고요. 마라톤 완주 메달을 받으면 그게 또 뿌듯했어요. 그렇게 일정 기간 하다 보니 체력이 생기는 게 확실히 느껴졌고, 전문가가 아니어도 운동을 즐기며 할 수 있게 됐죠.

운동을 힘들어하는 엄마들에게 조언해주신다면?

어렵게 생각하지 않았으면 좋겠어요. 내게 맞고, 재미있는 것을 찾아서 조금씩 성취하는 습관을 들이면 돼요. 체력이 중요해요. 체력이 없으면 자꾸 짜증이 나요. 반대로 체력이 생기면 안정이 되고, '이제 뭘 해볼까?'라는 생각이 들면서 도전하게 됩니다. 운동을 계속하면서 스스로 '포기하지 말아야지'라는 생각을 하게 된 것 같아요. 작년에 창업 준비가 잘 안 돼서 힘들었는데, 그때 포기했으면 지금의 저는 없었겠죠.

이진언 님의 루틴

5시 30분	기상
5시 30분~6시 15분	독서
6시 15분~7시	달리기(3km), 홈트
7시 이후	일상 생활
10시~11시	취침
매달	아이들과 등산 1회

진언's Say 꾸준함이 중요

최근에는 매일 새벽 신랑 출근 시간에 같이 나가서 배웅한 뒤 3km를 뛰고 와요.
새벽 운동은 2015년부터 꾸준히 루틴을 지키고 있는데, 헬스장에 다닐 때보다
야외에서 뛰면 시시각각 변하는 아침 풍경을 보는 재미도 있어 좋아요.
너무 힘들게 하지 않아도 돼요. 걷다가 뛰다가 해도 괜찮아요. 힘들지 않아도 일정
기간 하다 보면 체력이 생기는 게 느껴질 테고, 그러면 계속할 수 있어요.

진언's Say 산행 노하우

준비운동은 필수! 준비운동을 했을 때와 안 했을 때 등산 후 근육 뭉치는 정도가
천지차이예요. 산에 오르기 전에 준비운동을 꼭 하고 산에서 내려와
스트레칭으로 다리 근육을 풀어주면 더욱 좋아요. 그리고 유명하고 높은 산부터
시작하기 보다 자신의 체력에 맞는 산부터 시작하세요.

식단 식단은 따로 하지 않아요. 단, 1년에 3주 디톡스를 실천합니다.

6
heroine's story

출산 후
더 건강해진 비결이요?

김현지
30대 중반
—
산전 산후 건강관리를 전문으로 하는
트레이너이자 아들 둘 맘.

66
단점에 집중하기보다 내가
가진 장점을 더 잘
보여주는 게
중요하더라고요. 99

결혼하고 아이를 낳은 뒤 운동 결심을 안 해본 엄마는 없다. 그러나 꾸준히 하는 엄마 역시 드물다. 이상하다. 그렇게 많이 결심하는데, 그렇게 많이 실패한다니.

"아이에게 부끄럽지 않은 엄마가 되기 위해"
"남편을 실망시키지 않기 위해"

대부분 엄마들이 운동하는 이유에 '나'는 없다. 남에게 보여줄 나의 모습을 되찾기 위해서다. "기껏 에너지를 끌어모아 식단과 운동을 챙길 결심을 했는데, 정작 스스로를 위할 줄은 모르다니." 김현지 씨는 안타깝다고 했다. 지속하기도 힘들고, 지속하더라도 결국 스스로를 행복하게 만들 수 없는 이유들이기 때문이다.

운동 강사면 체육을 전공했나요?

아니에요. 성인 될 때까지 운동은 별로 안 해봤어요. 처음 운동을 시작한 건 대학 때 미국에 영어를 배우러 갔을 때였어요. 가난한 유학생이라 학교 끝나면 알바를 했어요. 그러고 나면 스트레스를 풀고 싶은데, 밤에 갈 곳이 없었죠. 미국에서는 만 21세가 되어야 성인이라 어디 놀러 갈 수도 없었고요. 동네에 좋은 헬스장이 있어서 '운동이나 하자'라는 생각으로 다니기 시작했어요.

그런데 어떻게 강사가 직업이 되었나요?

처음에는 헬스장에 가서도 러닝 머신과 자전거만 탔어요. 몇 개월 그렇게 했더니 트레이너가 근육 운동도 좀 해보라는 거예요. 몸이 막 우락부락해질까 봐 싫다고 했어요. 트레이너가 "절대 그렇게 안 된다"라고 하더라고요. 그때부터 근육 운동을 배우기 시작했어요. 처음에는 그냥 취미였어요. 그런데 트레이너가 자격증을 따면 영어도 늘고 좋을 거라고 하더라고요. 그래서 자격증을 땄죠. 이후에도 직업으로 운동을 가르칠 것이라고는 생각하지 않았어요. 한국에 돌아와 복학하고 코트라에서 인턴하고…. 그냥 사무직의 삶을 살려고 했어요. 그런데 그 삶이 너무 기계 부품처럼 느껴지더라고요. 그래서 헬스 트레이너의 삶을 살기로 했죠.

그럼 처음엔 헬스 쪽이었군요. 지금은 산전 산후 엄마들을 대상으로 필라테스나 홈트를 주로 지도하죠.

한국에서는 임신하면 무조건 조심해야 한다고 생각하잖아요. 이게 과학적 근거가 있는 건가 싶어요. 외국에서는 임신부나 갓난아기 엄마들도 운동을 엄청 하거든요. 저는 이걸 의학이나 과학보다 문화적 차이로 봐요. '한국에서 임신 중에도 운동을 열심히 하고 출산 이후 건강하게 살 수 있다는 걸 증명해 보이겠어'라는 결심을 하게 됐어요. 임신 전에 산전 산후 운동 자격증도 미리 땄고요. 첫째를 임신하자마자 운동 영상을 찍어서 유튜브에 올리기 시작했죠.

그렇게 운동하면 산후에도 임신 전 몸매로 돌아갈 수 있나요?

아뇨. 못 돌아가요. 하지만 더 좋아질 수는 있어요. 두려운 마음은 이해해요. 저도 그랬어요. '직업이 트레이너인데, 애 낳고 날씬해지지 못하면 어쩌지…' 그런 마음이 왜 없었겠어요. 실제로 저도 출산하고 몸이 많이 변했어요. 저희 둘째는 4.06kg의 우량아였거든요. 아이가 크면 자궁이 점점 커지고 그게 근육, 피부, 지방을 밀어내면서 근육이 벌어져요. 복직근이 벌어지면서 배꼽이 튀어나왔죠. 처음에는 그게 너무 속상했어요. 회복이 쉽지 않았고, 심지어 지금도 회복이 다

안 됐어요. 그 때문에 산후우울증을 겪기도 했죠.

그런데 단점에 집중하면 아무것도 못 해요. 내가 가진 장점을 더 잘 보여주는 게 더 중요하더라고요. 그러면 사람들도 제 장점을 먼저 봐요. 지금은 필라테스, 타바타 등 다양한 운동을 하면서 예전에 헬스 할 때 안 쓰던 근육도 많이 사용하게 됐어요. 저는 지금의 제 몸이 과거보다 좋다고 생각해요.

출산 직후도 문제지만, 아이가 커가는 과정에서 엄마들이 점점 시간이 없어지는 것도 문제입니다. 다들 운동할 시간이 없다고 호소해요. 그러다 보니 운동이나 자기 관리는 뒷전이 되는 경우도 많고요.

맞아요. 부담이 늘어나죠. 하지만 지금은 그것 때문에 우울해하지 않고 오히려 스스로를 성장시키는 계기로 삼아요. 어릴 때 엄마한테 "너희 때문에 엄마는 희생하며 살았어"라는 이야길 가끔 들었어요. 엄마가 된 지금은 그 마음을 충분히 이해하죠. 무척 감사하고요. 그런데 어릴 땐 그 말을 듣기가 참 싫었어요. 저는 엄마한테 희생하라고 말한 적이 없거든요. 엄마처럼 희생하며 살기 싫다는 생각도 들었고요.

당연히 아이들을 키울 땐 엄마가 희생해야 할 점이 있어요. 그걸 부인하는 건 아니에요. 저는 현재 내가 처한 상황을 바르게 인식하고, 내가 할 수 있는 부분들을 해나가자는 생각을 해요. 저는 아이들을 낳기 전으로 돌아갈 수 없어요. 그러고 싶지도 않고요. 아이들과 함께 성장할 수 있는 방법을 매일 찾으려 노력해요. 실제로 육아를 하면서 많이 성장했어요. 싱글일 때보다 인내심이 엄청나게 늘어났죠.(웃음) 그래서 '너희 때문에'가 아니라 '너희 덕분에'라는 말을 많이 해요. 여기서 포인트는 '나부터' 챙긴다는 거예요.

엄마이자 운동 전문가로서 출산 후 어려움을 겪는 엄마들을 위해 조언해준다면?

'출산 후에는 임신 전으로 돌아가지 못한다'라는 통념 자체가 이상한 거예요. 임신 전으로 왜 돌아가야 하나요? 과거에 집착하지 말고, 현재에 집중해보세요. 임신 전보다 더 좋아질 수 있는 부분을 찾아서 운동하고 스스로 그 부분을 자신 있게 부각하면, 오히려 임신 전보다

더 매력적인 자신의 모습을 발견할 수 있을 거예요.

헬스 트레이너였으면, 결혼 전엔 운동에 시간을 많이 쏟았겠어요.
맞아요. 주 4회 운동했고, 한 번 할 때마다 최소 2시간씩은 했죠. 헬스장까지 오며 가며 쓴 시간을 합하면 매주 10시간 이상은 될 거예요.

지금은 어떻게 하나요?
아이를 낳은 후엔 운동법을 바꿨어요. 요즘엔 일주일에 3일 정도 고강도 운동을 해요. 한 번 할 땐 보통 30분 정도하고, 특별히 길게 할 때는 1시간을 해요. 타바타 운동은 워밍업, 본 운동, 운동 후 스트레칭까지 다하는 데 30~40분이면 돼요. 본 운동 때는 20초 고강도 운동, 10초 휴식을 반복하는데요, 하체·상체·코어·유산소 운동을 모두 할 수 있어요. 헬스장에 가는 시간과 비용을 절약하면서도 운동 효과를 낼 수 있어서 바쁜 주부들에게 추천해요.

김현지 님의 루틴

① 워밍업

② 본운동(20초 고강도 운동, 10초 휴식 반복)

③ 운동 후 스트레칭

> **타바타**
> 짧은 시간에 강도 높게 운동하는 방식. 일본의 운동생리학자 타바타 이즈미가 고안했다.

현지's Say 짧은 시간 동안 고강도 운동!

타바타 운동은 30~40분이면 하체·상체·코어·유산소 운동을 모두 할 수 있어요. 헬스장에 가는 시간과 비용을 절약하며 운동 효과를 낼 수 있어서 바쁜 엄마들에게 추천해요.

식단 100% 비건, 고기는 포기해도 탄수화물은 못 참아!

아침
과일, 오트밀(두유에 타서 먹는 방식으로 단백질 보충)

점심
현미밥, 제철 채소, 나물 반찬, 콩이나 두부 반찬(단백질 보충)

저녁
점심과 비슷하지만 샐러드에 고구마, 콩, 두부, 견과류 등을 곁들임(단백질 보충)

현지's Say 양껏 먹어도 괜찮아

자연식물식의 장점은 양껏 배부르게 먹어도 살이 찌지 않아요. 피부도 좋아지고, 환절기마다 달고 살던 비염도 없어졌어요. 단, 식물성단백질을 충분히 섭취해야 해요.

⑦
heroine's story

짜릿함에 중독됐어요

하윤경
30대 후반

—

러닝이 주 종목이지만 등산, 트레일 러닝,
축구까지 즐기는 인플루언서. 아들 맘.

단기 목표를 세우고 그걸
반복해서 이루는 게
중요해요. 99

마라톤이 42.195km로 정해진 건 한 전령이 전쟁의 승전보를 알리기 위해 40km를 뛰어온 뒤, 죽어서다. 그만큼 힘들다. 좀 뛴다 하는 성인 남성도 4시간 이내로 완주하면 고수 소리를 듣는다.
'애 엄마' 하윤경 님의 기록은 3시간 43분이다. 출산한 뒤에 출산 전 기록(3시간 49분)을 깼다. 2022년 춘천 마라톤 대회 때는 '한복의 아름다움을 알리겠다'는 취지로 친구들과 함께 한복을 입고 풀코스를 완주하기도 했다.

마라톤 풀코스라니, 선수로 트레이닝을 받은 적이 있나요?

없어요. 학생 때 운동을 잘한다는 소리를 듣긴 했지만요. 20대 때는 딱히 운동에 취미를 가져본 적이 없어요. 달리기는 성인 되어서 시작했어요.

달리기를 시작하게 된 계기가 있나요?

7년 정도 대기업을 다니다가, 남편이 두바이로 발령을 받으면서 퇴사하게 됐어요. 주재원 아내로 지내며 외롭고 힘들어서 돌파구가 필요했어요. 그게 달리기였죠.

두바이에서 혼자 뛴 건가요?

아뇨. 솔직히 혼자 하면 재미없죠. 한인 달리기 커뮤니티가 있었어요. 달리기는 혼자 하면 지루한데, 사람들이랑 함께 하다 보면 생각보다 많이 뛰게 돼요. 처음엔 힘들었죠. 다행히 크루에 계신 분들이 초보자를 많이 배려해줬어요. 조금씩 뛰다 보니 "어, 되네?" 신기하기도 했고, 계속 욕심이 나서 풀코스까지 하게 됐죠.

달리기의 매력은 뭔가요?

뛸 때는 너무 힘들어서 "내가 이걸 왜 하고 있지?" 싶어요. 하지만 결승선을 통과하고 나면 정말 짜릿해요. 그 짜릿함에 중독되죠. 그리고 달리기를 하다 보면 자연스레 트레일 러닝, 등산 등으로 이어지는 것 같아요. 좀 더 어려운 미션에 도전하고 정상을 정복하는 성취를 느끼는 거죠.

출산 후에도 운동을 한 건가요? 출산 전후 어려움은 없었나요?

임신했을 때는 사실 힘든 줄 몰랐어요. 잘 맞았달까. 언제 이렇게 먹어보나 싶어서 잘 먹었어요. 그렇게 20kg이 불었죠. 한데 아이를 낳고 나니 힘들더라고요. 원래 감기 한 번 안 걸리는 체질이었는데, 아이 낳고 난 뒤 몸살이 일상이 됐죠. 타이레놀을 달고 살았어요. 지금도 그렇고요.

출산일이 가까워질 무렵 두바이에서 한국으로 돌아왔거든요. 경력은 단절된 상태고, 이대로 집에서 육아만 해야 한다고 생각하니 너무 우울했어요. 자존감이 낮아지는 것 같아 '나라도 가꿔야겠다'라고 생각했죠. 그래서 출산 후 6개월 안에 예전 몸으로 돌아가자고 목표를 세우고 운동을 했어요. 아예 바디 프로필 찍는 날짜를 정해버렸죠.

갓난아기를 돌보며 어떻게 운동을 했는지 궁금해요. 달리기를 했나요?

아기 봐줄 사람이 없으니 달리기는 못 했어요. 그 대신 유튜브를 보면서 홈트를 했죠. 유산소운동은 '빅씨스(Bigsis)' 영상을, 근력 운동은 '소미핏(Somi Fit)' 영상을 참고했어요. 아기 잘 때 틈틈이 한 거죠.

힘들지 않았나요? 홈트 같은 경우 혹시 자세를 잘못잡고 있지 않을까 불안했을 것 같아요.

힘들었죠. 고비가 올 때는 달라진 저의 모습을 계속 상상했어요. 자세에 신경 쓰기보다 일단 하는 데 의미를 뒀죠. 지금은 아이가 좀 커서 달리기나 등산도 다시 시작했고요.

꾸준히 자기 관리를 하는 동인은 뭔가요?

사람들의 인정도 커요. "애 엄마 맞아?" 이런 소리 들을 때 기분 좋죠. 한번 가꾸기 시작하면 계속 더 가꾸게 돼요. 오히려 아기 낳기 전보다 자존감이 높아졌어요. 그리고 이제 엄마가 됐잖아요. 아이가 클 때까지 건강하고, 멋진 모습으로 가꾸고 싶어요. "아이에게 우리 엄마 멋지다"라는 소리를 듣고 싶어요.

아직 자기 관리를 시작하지 않은 엄마들에게 운동을 권한다면?

처음부터 너무 많은 걸 이루려고 하면 지칠 수 있어요. 단기 목표를 세우고 그걸 이루는 걸 반복하다 보면 멋진 모습을 찾게 될 거예요. 육아라는 게 참 지겹고 반복되는 일인데, 운동이 여러분에게 즐거움을 줄 수 있을 거예요.

평소 운동 루틴을 말씀해주세요.

일주일에 한 번 집 근처 탄천 변에서 뛰어요. 몸 풀고 운동하는 데 총 1시간 정도 들이고요. 주말이면 산에 가요. 산에 못 갈 때는 한 번 더 뛰고요.

생각보다 많이 안 하시네요? 그걸로도 충분한가요?
산에는 한 번 가면 4~5시간 운동하니까 적은 건 아니에요.

운동할 때 아이는 어떻게 하나요? 친정, 시댁 등 신경 쓸 일이 많지 않나요?
남편이랑 스케줄을 잘 조율하는 게 중요해요. 일주일에 한 번은 남편이 애를 봐주니 그때 운동하고요. 시댁에는 격주로 한 번 가는데, 시댁에 가지 않는 날 남편이 애를 봐주면 등산을 하는 식이죠.

운동은 혼자 하나요?
평일에는 혼자해요. 요즘에는 크루 활동을 다시 시작했어요. 뛰는 건 84 쥐띠 러닝 크루가 있어요. '잘뛰줘'라고.(웃음) 가끔 모여서 함께 뛰어요. 아웃도어 활동을 하는 모임도 있어요. 지난해 가을엔 마라톤 풀코스를 친구들과 함께 한복 입고 완주하기도 했어요.

한복 입고, 완주요?
네. 친구 10명과 함께요. 친구들과 같이 하면 운동을 지속하는 데 큰 도움이 돼요. 동기부여도 되고, 정보도 얻고요. 용품 같은 것도 다 크루에서 운동하는 사람끼리 추천해줘요.

운동 롤 모델이 있나요?
배우 이시영 씨가 아기 업고 등산하는 모습이 참 멋졌어요. 엄마의 로망이랄까. 저도 그렇게 하고 싶어요.

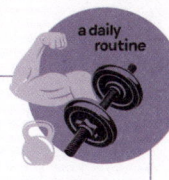

하윤경 님의 루틴

주중	러닝 주 1회 1시간 (몸 풀기 포함)
주말	등산 주 1회 4-5시간 (산에 못 가면 러닝) 가끔 러닝 크루 활동, 마라톤, 트레일 러닝 대회, 축구 동호회 활동 참여

 기록 마라톤 기록 42.195km 3시간 49분 35초

윤경's Say 크루 활동이 원동력

달리기는 혼자 하면 지루한데, 사람들이랑 함께 뛰다 보면 생각보다 더 뛰게 돼요. 또 달리기를 하다 보면 자연스럽게 트레일 러닝, 등산으로 이어지는 것 같아요.

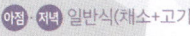 **식단** 1일 2식

아침 · 저녁 일반식 (채소+고기)

윤경's Say 공복을 길게!

산후에 살 뺄 때는 닭 가슴살과 고구마만 먹고 빼긴 했어요. 지금은 먹고 싶은 걸 다 먹어요. 그 대신 저녁 식사 이후 다음 날 아침까지 이어지는 공복이 길어요. 그리고 채소와 고기를 많이 구워 먹는 편이에요.

heroine's story

두려워하지 마세요

박보람
30대 중반

—

드라이빙 인스트럭터이자
2022년생 아들맘.

66
무슨 운동을 하고
어떤 철저한 식단을 하는 게
중요한 것이 아니라
뭐든 하는 게 중요해요. 99

전 세계 둘밖에 없는 벤츠 AMG의 여성 드라이빙 인스트럭터. 이탈리아 명품 오토바이 두카티의 앰배서더. 인스타그램 팔로워 수 20만에 이르는 자동차, 바이크 분야의 글로벌 인플루언서. 박보람 씨의 수식어는 화려하다. 영화 <분노의 질주>에 나오는 튜닝 카를 운전하는 모습이나, 두카티를 타고 트랙을 질주하는 모습을 보면 마치 다른 세상 사람 같다. 적어도 엄마라는 점에서 같다. 화려해 보이는 일상 뒤에는 하루 종일 아기 우유 먹이고 기저귀 갈고 재워야 하는 엄마의 고된 일상이 있다. 임신을 하고 몸무게가 붇고 자존감을 잃은 순간도 있었다.

어떻게 드라이버로의 커리어를 갖게 되었나요?

초등학교부터 고등학교 때까지 캐나다에 살았어요. 그때 만화 <이니셜 D>를 보고 자동차의 매력에 빠져버렸죠. 지나고 보면 원래 여성스러운 캐릭터는 아니었나 봐요. 오빠 차를 몰면서 드라이버의 꿈을 키웠어요. 고교 졸업 후 본의 아니게 귀국을 하게 됐어요. 제가 영어를 잘하고 차에 전문 지식을 갖고 있다는 사실이 알려지면서 여러 자동차 브랜드와 협업하게 됐어요. 그러다가 운 좋게 기회가 되어 독일 벤츠 본사에서 인스트럭터 교육을 받고 자격증을 취득했죠. 남편은 바이크 쪽 일을 해요. 그 덕에 바이크도 취미 삼아 타다가 지금은 두카티 앰배서더까지 하게 됐네요.

드라이빙 인스트럭터는 어떤 일을 하나요?

트랙에서 운전을 가르쳐주고, 안전을 책임지는 사람이죠. 벤츠 AMG를 구매하고 싶은데 사전에 한번 타보고 싶은 사람이나, 운전에 취미가 있는 분이 트랙을 찾아요. 요즘은 기업에서 귀한 손님을 접대할 때 트랙을 이용하기도 해요. 저는 그분들에게 운전을 지도하고 안전을 책임져요. 때로는 직접 차를 몰기도 하고요.

인스타그램을 보면 워낙 화려해서 뭔가 산전 산후에도 연예인스러운 관리를 했을 것 같습니다만.

전혀 안 그래요. 산후에 조리원에서 2주간 있었고, 친정엄마 집에서

한 달 산 게 다예요. 지금도 하루 종일 육아에 시달리고 있어요. 너무 바쁘고 힘들죠. 지금은 일도 쉬고 있어요.

원래 운동을 좋아했나요?

캐나다에 있을 때는 헬스, 골프 등 이런저런 운동을 했어요. 스무 살 때 한국으로 돌아왔는데, 그 뒤로는 6년인가 운동을 안 했어요. 체중이 20kg이 불더라고요. 안 되겠다 싶어서 독하게 운동과 식단을 해서 다시 뺐어요. 운동이 아주 낯선 사람은 아니에요.

임신했을 때는 어떤 변화를 겪었나요?

제가 원래 조금만 먹어도 살이 쪄서 임신 때도 저 나름대로는 조심한다고 했어요. 임신 전에 48kg이었는데, 60kg은 절대 넘기지 말자고 다짐했죠. 식단도 저염식으로 유지하려고 했고요. 그런데도 막달에는 65kg까지 불었어요.

어떤 기분이었나요?

인스트럭터기도 하고 여러 브랜드의 홍보대사 역할을 하니 아무래도 남에게 보이는 모습이 중요하잖아요. 임신할 때부터 '아, 내가 다시 일을 하지 못하면 어쩌지?'라는 불안감이 있었어요. 다만 임신했을 때는 오히려 자존감이 올라갔어요. 엄마가 된다는 기쁨이 더 컸나 봐요. 다만 출산을 하고 나니 다시 불안해졌죠. 주변에서도 "이제 다시 옛날로는 못 돌아가"라고 얘기하는 사람이 많았어요.

그런데 지금은…?

50kg까지 뺐죠. 100%는 아니지만 90% 이상 예전 몸 상태를 회복한 것 같아요. 출산 후 친정에 있었던 한 달 동안 거의 다 뺐어요.

대단합니다. 어떻게 가능했나요?

하도 "임신하면 몸이 망가진다", "산후풍 때문에 운동하면 안 된다" 이런 얘기를 많이 들었어요. 맘카페에서 다이어트 정보를 검색해도 마땅한 게 나오지 않더라고요. 처음엔 저도 '다이어트 약을 먹어볼까' 생각도 했어요. 그러다 떠올린 게 필라테스예요. 필라테스가 원래 재활 운동이잖아요. 지금 근육이 벌어지고 골반이 늘어난 상태니까 재활을 하면 되겠다 생각이 들었어요.

유명 강사에게 받았나요?

아뇨. 인터넷 검색하고 동네에서 딱 PT 10회 끊어서 했어요. 산후 케어로 광고하는 곳이 많더라고요.

필라테스로만 한 달에 10kg 넘게 뺀 건가요?

아니죠. 친정엄마 집이 32층인데 자주 걸어서 오르락내리락했어요. 출산 직후에는 살살 걸어 내려가기만 하다가 나중에는 올라가는 것도 했고요. 필라테스 한 뒤 걸어서 32층 오르락내리락하는 걸 이틀에 한 번 했어요.

그럼 식단을 철저하게 했나요?

소금을 덜 넣어서 먹긴 했지만, 닭 가슴살만 먹고 그러진 않았어요. 다른 엄마들처럼 미역국도 많이 먹었고요. 다만 간식이나 야식을 먹지는 않았죠.

그렇게만 해도 10kg가 빠지나요?

제가 직접 해보고 나니 사람들이 출산 후의 상황에 대해 지나치게 겁을 먹고 있다는 것을 깨달았어요. 물론 사람마다 다르겠지만, 출산했다고 집에만 누워 있을 필요는 없어요. 적절한 운동은 해도 되더라고요. 솔직히 "애 낳고 몸 불어나는 건 어쩔 수 없어"라고 한탄하면서, 간식이나 야식을 많이 먹는 분을 봐요. 몸이 불어난 게 애를 낳았기 때문인지 아니면 간식이나 야식을 많이 먹었기 때문인지 잘 모르겠더라고요. 저도 필라테스 10회 PT 받고 계단 오르락내리락한 게 다거든요. 물론 힘들었지만 그렇다고 못 할 일도 아니었어요.

임신했을 때는 잘 먹어야죠. 그때 살찌는 걸 너무 두려워할 필요는 없는 것 같아요. 그 다음에 빼는 것도 무서워할 필요는 없어요. 무슨 운동을 하거나 철저한 식단을 하는 게 중요한 것이 아니라 뭐든 하는 게 중요해요. 식단도 그냥 조금만 노력하면 돼요. 맛있는 걸 먹지 말자는 얘기도 아니고, 소금 섭취만 좀 줄이는 거예요. 운동도 꼭 대단한 걸 할 필요 없는 것 같아요. 다들 "안 될 거야, 못 돌아갈 거야" 이렇게 말하는 게 너무 싫었고, 또 틀렸다는 것도 알게 됐어요. 이 경험을 나누고 싶어요.

지금도 필라테스를 계속하나요?

아뇨. 친정에 있을 때는 친정엄마가 애를 봐줘서 가능했지만, 지금은 저희 집에 있기 때문에 시간이 없어요. 제가 육아를 100% 책임지고 있어서요.

그럼 어떻게 운동하나요?

애가 좀 깊이 잠들면 집에서 사이클을 타요. 아기를 안고 스쿼트를 하면 아기가 잘 자더라고요. 그래서 아기 안고 스쿼트해요. 제가 할 수 있는 선에서 최선을 다하는 거죠. 여하튼 몸은 어느 정도 유지되고 있어요.

갓난아기 육아는 정말 체력적으로 힘들잖아요, 산후 우울증도 그때 많이 오고요.

긍정적으로 생각하려고 노력해요. 아기가 이유 없이 울면 저도 힘들죠. 그래도 '아기가 이렇게나마 나에게 얘기해주니 얼마나 감사해' 이렇게 생각하려고 해요. 스쿼트도 그래요. 품에 안고 스쿼트 하는데 아기가 좋아해주는 게 얼마나 감사해요. 아기가 좋아하는 몇 가지 동작을 찾아서 운동하는 거죠. 긍정적인 생각이 정말 중요해요. 출산 직후에도 다른 사람들 얘기만 듣고 '그래, 애 낳고 몸 불어나는 건 어쩔 수 없어'라고 생각했으면 그대로 살았을 거예요. 그런데 어떻게든 운동하고 관리하니 금방 빠지잖아요.

왜 그렇게 몸 관리를 하고 싶었나요? 커리어나 인플루언서로서의 삶 때문인가요?

가장 큰 이유는 남편이에요. 남편에게 계속 여자로 남고 싶어요. 계속 사랑받고 싶고 아줌마로 불리기도 싫어요. 아기도 중요한 이유예요. 30대 중반이 넘어서 출산을 했으니 저도 빠른 것은 아닌데요, 아기가 컸을 때 친구 같은 엄마가 되고 싶어요. 아기랑 신나게 놀아주고 싶고, 아기가 저랑 다니는 것을 멋있는 일로 생각했으면 좋겠어요.

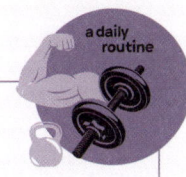

박보람 님의 루틴

출산 후 (조리원 졸업 후 한 달)
필라테스 PT 10회
계단 오르기(32층)

현재

실내 자전거 타기
아기 안고 스쿼트하기
아기 들어올리기

보람's Say 자세 교정과 근력 강화에 효과적

필라테스가 원래 재활 운동이잖아요. 근육이 벌어지고 골반이 늘어난 상태니까 재활을 하면 되겠다고 생각했어요. 계단 오르기는 초반에 무리하면 안 되니까 내려가는 것만 하다가 다리에 힘이 좀 붙은 후엔 올라가는 것까지 했어요. 계단을 오를 땐 뒤꿈치부터 디디면서 천천히 올랐죠.

보람's Say 집에서 간단히 할 수 있는 운동법

아기가 깊이 잠들면 사이클을 타요. 아기를 안고 스쿼트를 하면 아기가 잘자요. 제가 할 수 있는 선에서 최선을 다하는 게 중요한 것 같아요.

식단 소식을 원칙으로 했지만 수유하기에 부족할 정도로 먹진 않았어요. 음식에 소금을 덜 넣고 야식과 간식은 먹지 않았죠.

일반식   저염식   야식과 간식 No

간절함이 있으면 못할 게 없죠

이민정
40대 중반
—
피트니스 대회를 준비하면서
건강식품 쇼핑몰을 운영 중인 아들 둘 맘.

아들이 힘들 때 의지할 수 있는 엄마가 되고 싶어서 피트니스 대회에 도전했어요.

고3 엄마. 이미 겪었든지, 앞으로 겪을 예정이든지 간에 만약 당신이 엄마라면 무서운 단어다. 심지어 엄마랑 말도 잘 섞지 않는다는 사춘기 아들이다. 그런데 그 아들이 야구를 한다. 엄마는 그 운동을 잘 알지 못한다. 물론 아침 일찍 밥을 차려주고 늦게까지 기다려준다. 간절한 마음으로 응원도 한다. 하지만 그것만으로는 힘들어하는 아들에게 위로가 되지 않는 것 같다. 아들도 마음을 열지 않고. 당신이 엄마라면 어떻게 하겠는가. 이민정 씨의 선택은 '보디빌딩'이었다.

결혼 후에는 어떤 일을 했나요?

고등학교 때까지 미국에서 살았고, 대학은 캐나다에서 나왔어요. 남편을 한국에서 만나 한국에 살게 됐죠. 통번역 일로 사회생활을 시작했어요. 그러다가 큰아이가 초등학교 들어갈 때 직장을 그만뒀어요. 아이랑 시간을 더 많이 보내기 위해서요. 그런데 좀이 쑤셨어요. 뭐든 하고 싶었죠. 제가 하체가 뚱뚱한 체질이어서 입을 만한 슬랙스가 없는 거예요. 맞는 사이즈가 있더라도 출산 전 여성의 몸매에 맞춘 디자인이었고요. '이걸 내가 팔아보자'라는 생각이 들었어요. 동대문을 뒤져서 적절한 슬랙스를 찾아 하나둘 팔기 시작했죠. 그런데 장사가 잘돼서 나중에는 자체 제작도 하며 사업을 꽤 키웠어요.

사업을 하면서 운동도 꾸준히 한 건가요?

아예 안 했어요. 미국에서 살다 보니 식습관도 빵 위주였고요. 본래 건강 체질이어서 아픈 데 없이 살았는데, 삶은 전혀 건강하지 않았어요.

그럼 언제부터 운동을 했나요?

재작년에 사업에 문제가 생겨서 안 좋게 정리하게 됐어요. 저에게는 큰 상처가 된 일이었죠. 너무 속상해서 두 달 동안 울면서 지냈어요. 큰애는 고등학생이니 뭐라고 하지도 못하고 초등학생인 둘째한테 신경질을 냈어요.

그렇게 힘든데도 먹는 건 또 먹었죠. 살은 자꾸 찌고…. 그러다 보니 제 모습이 너무 한심한 거예요. 상황을 돌이키고 싶었어요. 애들한테

도 엄마가 무너지지 않는 모습을 보여주고 싶었고, 나에게 상처를 준 사람들에게도 잘 살고있다는 걸 알려주고 싶었어요.

그러다가 우연히 "운동은 배신하지 않는다"라는 문구를 봤어요. 그래서 시작하게 됐죠. 일단 저를 꾸며보고 싶었어요. 인스타그램을 보니 바디 프로필이 유행인 것 같아 두 달 뒤로 바디 프로필 촬영 날짜를 잡아버렸어요.

두 달 만에 바프 몸이 나오던가요? 처음부터 제대로 배웠나요?

아뇨. 그냥 막판에 좀 굶으면 되는 줄 알았죠. 무작정 홈트 프로그램을 따라 했어요. 자세가 제대로 됐는지도 몰랐고, 식단도 몰랐어요. 그냥 빵을 좀 덜 먹은 정도? 촬영 날까지 운동을 계속 하긴 했죠. 물론 사진은 잘 안 나왔어요. 두 달 만에 몸이 나올 리가 없잖아요?

그럼 바프를 찍고 나서도 운동을 계속한 건가요? 동기가 무엇이었는지 궁금해요.

일단 조금 더 해보고 싶어서 한 홈트 앱에서 하는 챌린지에 신청했어

요. 열심히 한 우수 챌린저 4명을 뽑아서 함께 바프를 찍는 챌린지였죠. 챌린지에 참여했으니 열심히 홈트하고, 인증샷 올리고 그러다 보니 최종 4인에 뽑혔어요. 바프 준비 기간에 혼자 하면 무너질 것 같아 인스타그램에서 함께 운동하고 인증할 사람들을 모았어요. 그게 지금 하고 있는 '일단 시작하기 챌린지'예요. 그때 처음 운동의 희열을 느꼈어요. 둘째랑 같이 처음으로 1시간짜리 홈트 프로그램을 해냈는데, 기분이 정말 좋더라고요.

피트니스 대회 준비는 언제부터 한 건가요?

그렇게 운동을 하다 보니, 큰아들이 보였어요. 큰아들은 야구를 잘해요. 어려서부터 쭉 주장도 해왔고. 그래도 슬럼프가 오잖아요. 애가 힘들 때 의지할 수 있는 엄마였으면 좋겠는데, 아들은 10대 후반이라 엄마에게 말도 잘 안 해요. 뭘 해줄 수 있을까 고민하다가 '내가 도전해보면 어떨까'라는 생각이 들었어요.

어떤 도전이요?

어느 날 밤인가 아들을 픽업해 오다가 물어봤어요. 엄마가 피트니스 대회에 도전해서 너한테 힘을 주고 싶다고. 시즌 끝나면 해도 되겠느냐고 물었죠. 사실 고교생 엄마가 아들 돌보는 것 외에 딴 일을 한다는 것 자체가 마음에 걸렸어요. 주변 반응도 "미쳤냐"라는 수준이었고요. 그런데 아들의 반응이 정말 의외였어요. "왜 시즌 끝날 때까지 기다려요? 지금 해요. 나도 엄마가 나한테만 몰두하고 있는 게 싫어요."

지나친 관심이 오히려 부담이었던 거군요.
    부모가 자기가 하는 모든 것을 1부터 10까지 걱정하는 게 싫었대요. 그래서 도전 하기로 마음을 굳혔죠.

운동을 해본 적이 없는데, 어떻게 대회를 준비 했나요?
    퍼스널 트레이닝(PT)을 받았어요. 처음엔 영 별로였어요. 인터넷을 뒤져서 정말 좋은 선생님을 다시 찾았죠. 저한테는 수강료가 굉장히 비쌌지만, 그래도 제대로 배우고 싶었거든요. 운동도 할 줄 모르는 애 엄마가 처음 만나자마자 "대회 그랑프리가 목표다"라고 하니 트레이너가 깜짝 놀라더라고요. 자기는 몸이 전혀 준비 안 된 분에게 함부로 대회 출전 약속은 안 한다면서요. 그 대신 운동을 제대로 가르쳐 줄 자신은 있다고요. 제가 딱 원하던 마인드라서 꼭 이분께 운동을 배우고 싶었어요. 처음에는 운동을 너무 못 해서 진도도 느렸어요. 스쿼트를 제대로 하는 데만 석 달이 걸렸죠. 그럼에도 아들한테 힘을 줄 수 있다는 생각에 열심히 했어요.

궁금합니다. 엄마의 도전이 아들에게 진짜 힘이 되던가요?
    큰애가 성적이 안 나올 때 제게 연락을 하면 제가 운동하고 있는 사진을 답으로 보내줘요. 힘내라고. 엄마도 열심히 하고 있다고. 그랬더니 안 그러던 애가 "나도 열심히 할게. 엄마도 파이팅!" 이렇게 답을 하더라고요. 전엔 삶을 거의 공유하지 않았어요. 그런데 제가 도전을 시작한 이후 점점 바뀌었죠. 지금은 아들과 삶의 대부분을 공유해요.

고교생 남자애가 바뀌는 건 쉽지 않은데, 정말 힘이 되었나 보네요.
    최근에 제 생일이었어요. 큰애랑 막내가 "엄마가 자랑스럽다"라고 하더라고요. 생전 처음 들어보는 말이었어요. 생애 가장 기쁜 순간이었죠.

운동은 일주일에 몇 번, 얼마나 하세요?
    주 6일 운동해요. 한 번 하면 2시간 반에서 3시간 정도 하고요.

고3 엄마한테 가능한 스케줄인가요?

힘들죠. 아빠, 큰애, 둘째 스케줄이 다 달라서 자투리 시간을 활용하려고 노력해요. 저는 매일 아침 5시 반에 일어나요. 큰애는 학교가 멀어서 6시 반에는 나가야 해요. 큰애를 보내고 시간이 될 때 40분 공복 유산소운동을 해요. 그리고 신랑 식사 준비를 해서 보내고, 마지막으로 막내를 깨워서 초등학교에 보내요. 그러고 나면 아침 9시가 되는데, 그때 제 아침 식사를 해요. 그리고 9시 반에 자전거를 타고 센터에 가서 운동을 시작해 두세 시간 하고 돌아옵니다. 그리고 저녁까지는 둘째 학원도 챙기고, 저녁도 차리고, 제 일도 하고요. 저녁 7시 반에 두 번째 유산소운동을 해요. 그리고 밤 10시 반에 큰애가 집에 오면 먹을 것 차려주고 나서야 자요.

본인 사업도 하잖아요. 힘들지 않나요?

네. 건강식품 쇼핑몰을 운영하고 있어요. 이것도 생각보다 잘돼서 바쁘네요. 힘들지만 인스타그램에 꾸준히 운동하는 사진을 올리다가 운동 친구들이 생겼어요. '징시스터즈'라고 이름 붙였는데요, 서로 격려하면서 운동하다 보니 루틴을 잘 유지할 수 있는 것 같아요.

운동하는 데 한 달에 얼마 정도 투자하시나요?

50만~60만 원 정도는 투자하는 것 같아요. 사실 애들 운동시키면 비용 부담이 크거든요. 만만치 않은 비용인데, 다행히 남편이 잘 도와줬어요.

식단도 병행하나요?

코치님이 정해준 식단으로 하루에 네 끼를 먹어요. 첫 끼는 오트밀 30g, 닭 가슴살이나 소고기 100g. 채소는 배부를 때까지 먹고요. 닭 가슴살은 조미가 된, 맛있는 걸 먹어요. 그래야 아이들에게도 먹일 수 있거든요. 나머지 세끼도 구조는 비슷해요. 2식과 3식은 밥 100g, 고기 100g, 채소. 4식 때는 밥 없이 채소와 단백질만 섭취해요. 채소 자체가 탄수화물이니까요. 단백질은 끼니당 100g을 맞춰요.

이민정 님의 루틴

~5시 30분	기상
~6시 30분	첫째 학교 보내기
~7시 10분	공복 유산소 운동
~9시	신랑 출근, 둘째 학교 보내기, 아침 식사
~10시	헬스장까지 자전거로 이동(약 30분)
~오후 1시	근력 운동(보통 2시간 이상)
~오후 7시 30분	개인 업무, 아이들 학원 픽업, 저녁 준비 등 두 번째 유산소 또는 근력 운동
~오후 10시	첫째 귀가, 간식 챙겨주기, 취침

성과: 피트니스 대회 출전, 6위로 입상

동기부여 같이 운동하며 서로 격려하고 응원하는 운동 그룹이 있어서 지속 가능

식단 대회 준비용 식단으로 건강식이지만 맛을 포기하지 않은 것이 핵심

- **1식** 오트밀 30g, 닭 가슴살 또는 소고기 100g, 채소 배부를 만큼
- **2식·3식** 밥 100g, 고기 100g, 채소 배부를 만큼
- **4식** 고기 100g, 채소 배부를 만큼

10
heroine's story

나에게
뭔가 해주고 싶었어요

김정원
40대 초반
—
카페 겸 돈가스 도시락집 대표이자
주중엔 웨이트 트레이닝을 하고
주말엔 자전거를 타는 딸, 하나 아들 둘 맘.

66
처음엔 힘들지만
운동의 맛을 알고 나면
계속 하게
되더라고요. 99

흔히 "삶은 선물"이라고 말한다. 이 사람의 삶을 보고도 그렇게 말할 수 있을까. 지독한 가난, 아버지의 폭력, 어머니의 죽음, 이혼…. 드라마에서나 볼 법한 불행들의 연속이다. 이야기의 주인공은 경기도 화성의 볕 잘 드는 큼지막한 카페에 앉아 있다. 본인 소유다. 부동산 투자로 경제적 독립도 이뤘다. 큰딸은 좋은 대학에 진학했고 둘째·셋째 아들도 각자 자기 꿈을 향해 살고 있다. 이러고 보면 또 삶은 선물일까.

"다른 사람이 나에게 해줄 수 있는 건 없었다. 그래서 나라도 나에게 뭘 해줘야 했다." 그게 운동이다. 처음엔 걷기로 시작해 마라톤, 등산, 자전거, 웨이트트레이닝 등 다양한 운동으로 이어졌다. 운동은 김정원 씨의 삶을 '선물'로 바꿔주는 원동력이 됐다.

블로그에서 봤습니다만, 인생 스토리를 간략히 들려주세요.

어려서는 가난했어요. 요즘 세상에 그게 말이 되나 싶겠지만, 큰언니는 열네 살에 학교를 못 가고 공장에 나갔어요. 둘째 언니도요. 두 언니가 일찌감치 일한 덕에 저는 그나마 상고를 졸업할 수 있었어요. 아버지는 언니들 일 시켜서 자기 동생들을 먹여살렸어요. 알코올의존증에 폭력도 심했고요. 빨리 독립하고 싶었죠. 여상을 졸업하자마자 서울로 올라와서 취직했어요. 한 제약 회사의 비서 일이었는데, 타지에서 외로웠어요. 그러다가 애들 아빠를 만났죠. 저처럼 어려운 집안이었는데, 서로 외로우니 일찍 결혼했어요. 스무한 살 때였죠.

결혼하고도 힘드셨겠어요.

제가 어릴 때부터 농사일을 많이 해서 몸이 망가져 있었나 봐요. 애들 아빠는 수산시장에서 일했는데, 그 일도 틈틈이 도왔어요. 거기에 애를 셋이나 낳았으니 젊었는데도 몸이 망가진 거죠. 허리 디스크에 무릎 골다공증까지.

그렇게 힘들고 어려운 삶 속에서 어떻게 운동할 생각을 했나요?

애들 아빠가 마라톤에 취미를 붙인 게 저한테도 큰 영향을 미쳤어요. 처음에는 동네 한두 바퀴 뛰다가 나중에는 대회도 나가더라고요. 그러다 보니 심하던 비염이 없어지는 거예요. '운동이 좋은가 보다' 했죠. 게다가 집에 있기가 힘들었어요. 13평(42.9㎡) 집에서 애 셋을 키웠거든요. 집에 있어 봐야 답답했어요. 유모차 끌고 나가서 한참 걷고 오곤 했죠. 그렇게 걷고 나면 스트레스가 해소된다는 것을 배웠어요. 아버지가 돌아가시고 난 뒤 엄마가 시골에서 올라오셨어요. 그때부터 엄마가 한두 시간 애를 봐주시면 나가서 마라톤을 연습했어요.

어쩌다 산책이 마라톤으로까지 이어지게 됐나요?

애들 아빠를 따라 마라톤 대회장에 몇 번 가 봤어요. 혼자 뛰는 것과 함께 뛰는 것은 완전히 다른 얘기더라고요. 대회 분위기가 설렜어요. 에너지가 넘친다고 할까. '나도 해보고 싶다'는 생각이 들어서 5km 대회부터 서서히 시작했죠.

보통 결혼하고 나면 아이들에 집안 대소사까지 챙기느라 본인은 뒷전이 돼서 자기 관리나 운동에도 소홀해지곤 합니다.

저도 가족을 잘 챙기는 사람이에요. 그런데 워낙 평범하지 않은 삶을 살았잖아요? 무조건 나를 다 포기하고 희생하라고 하면 화가 나더라고요. 처음에는 우울하다가 나중에는 화가 나요. 그 화가 아이들한테 가고요. 그런데 운동을 하면 '나에게 뭔가를 해줬다'는 감정이 들어요. 나를 챙기니 화가 덜 나더라고요. 그래서 쉬지 않고 다녔어요. 아이들 어린이집 보내놓고 산에 가고, 뛰고…. 애들 데리고도 산에 많이 다녔어요.

운동은 힘들잖아요. 안 그래도 쉽지 않은 삶에서 술이나 다른 돌파구가 아니라 힘든 운동을 택한 게 대단하네요.

처음엔 힘들지만 운동의 맛을 알고 나면 계속 하게 되더라고요. 애들 아빠랑 헤어지면서 절망적인 생각을 하기도 했어요. 감사하게도 그럴 때면 또 산에 갔어요. 답답함을 풀려고요. 술에 의지하면 인생 망친다는 건 잘 알고 있었으니까요. 게다가 엄마가 뇌출혈로 돌아가시고, 언니들마저 뇌출혈로 고생했는데요, 평생 자녀를 위해 희생하면서 살다가 뇌출혈로 돌아가시는 엄마의 모습을 보고 마음을 다잡았어요. 내가 건강해야 한다. 그래야 아이들도 책임질 수 있다고.

사업도 하고 운동도 하고, 자녀가 셋이나 되는데, 자녀 양육은 어떻게 감당했나요?

아이들한테 올인하지 않았어요. 저의 한을 아이들에게 풀려고 하지도 않았고요. 제가 겪는 어려움을 아이들에게 다 얘기했어요. 첫딸은 그래서 농업고등학교를 갔어요. 빨리 독립하겠다고. 엄마를 이해해준 거죠. 그런데 어느 날 학교에서 연락이 왔어요. 애가 공부를 꽤 한다는 거예요. 이 성적이면 서울에 있는 대학을 갈 수 있다고. 신경 써준 것도 없는데 감사했죠. 그때부터 부동산 투자 공부를 시작했어요. 딸이 이 정도로 잘하는데 대학에 보내줘야겠다, 어떻게든 돈 벌어야 겠다는 생각에서요. 결과적으로 딸은 괜찮은 대학을 갔어요. 둘째도 지금 웹툰 작가로 데뷔하기 위해 열심히 준비하고 있어요. 운동도 열심히 해서 몸도 좋아요. 아이들에게 감사하죠.

수많은 어려움을 겪어낸 지금, 정원 씨는 건강한가요?

네. 아픈 데 없이 잘 살고 있어요. 돈도 적잖이 벌었고요. 운동 쪽에서는 이제 새로운 도전을 해보고 싶어요. 바디 프로필 촬영을 계획하고 있고, 운동을 통해 어려움을 극복한 얘기를 책으로 풀어내보고 싶어요. 이제는 먹고사는 문제를 좀 내려놓고 다음 단계로 나아가려고 준비 중이에요.

어떤 운동을 해봤고, 요즘은 어떤 운동을 하나요?

달리기, 수영, 자전거, 등산 등 정말 많이 해봤어요. 심지어 유도도 해봤어요. 아들이랑 같이요. 요즘은 평일에는 중량 운동을 하고 주말에는 자전거를 탑니다.

왜 중량 운동으로 넘어갔나요?

처음에는 필라테스 강사인 친구가 추천해줘서 시작했어요. 제가 허리 디스크가 있어서 달리기를 오래하면 허리가 아팠어요. 그런데 중량 운동을 하고 난 뒤 허리 통증이 거의 사라졌어요. 좋은 거구나 싶었죠. 게다가 카페를 운영하기 시작하면서 너무 바쁜거예요. 아침 7시 반에 문을 열고 저녁 9시에 닫고…. 달리기나 자전거는 시간이 많이 필요하잖아요. 그래서 한두 시간 만에 할 수 있는 헬스를 선택했죠.

카페 운영에 투자에 바쁘실 텐데, 언제 운동하나요?

이제 새벽에 일어나는 게 습관이 됐어요. 5시에 일어나서 6시까지 카페 오픈 준비를 하고, 애들 도시락을 싸 줘요. 그리고 헬스장으로 가서 카페 오픈 전까지 운동을 해요. 주말에는 자전거를 타고요.

자전거는 얼마나 타나요?

한창 탈 때는 100km 쯤 됐는데, 지금은 가볍게 60~70km 정도요.

PT를 따로 받았나요?

아뇨. 안 받았어요. 그 대신 책과 유튜브를 보면서 자세를 면밀히 연구했죠. 운동에 대한 이론도 공부했고요. 헬스장에 가면 거울 앞에서 빈 봉으로 천천히 연습을 많이 해요. 그리고 꼭 중량 운동을 하고 유산소운동을 하죠. 고중량으로 지방을 먼저 태운 뒤 근육에 쌓인 젖산을 유산소로 풀어주는 게 좋거든요.

그런 이론은 어디서 공부했나요?

핏블리 님의 유튜브 채널과 책을 많이 참고했어요. 다른 책도 많이 사서 봤고요. 원래 한 군데 꽂히면 어느 정도 지식을 익힐 때까지 엄청 파고들어요.

중량 운동은 얼마나 했나요? 가장 좋은 점은 무엇이었는지 궁금해요.

1년 반 정도 했어요. 앞서 얘기한 대로 허리 통증이 없어졌고요. 또 저는 하는 일이 많잖아요. 아침부터 밤까지 카페에서 서서 일하는데, 근육이 큰 도움이 돼요. 밤에 글 쓰고 책 읽고 하는 데도 체력이 받쳐주고요. 허리 아플 때 추나 요법부터 물리치료 등 여러 가지 다 해봤지만, 그때뿐이었어요. 결국 돈이 더 들더라고요.

식단도 병행 하나요?

네. 아침 운동 다녀오면 탄수화물은 먹지 않아요. 혈당 스파이크가 생기지 않게 하려고요. 아침으로는 아몬드, 닭 가슴살 등을 먹으며 속을 달래줘요. 점심은 내키는 대로 맘껏 먹어요. 먹는 걸 워낙 좋아하거든요. 저녁은 보통 5~6시쯤 먹고요. 밥을 먹기도 하지만 단백질 식단 위주로 챙기려고 노력해요. 그리고 간식은 먹지 않고요. 12시간 공복을 꼭 유지하려고 해요.

철저하네요. 다이어트가 목적인가요?

인바디를 측정하긴 하지만 몸무게가 얼마인지, 체지방이 어느 정도인지는 거의 신경 쓰지 않아요. 건강한 삶을 위해서죠.

김정원 님의 루틴

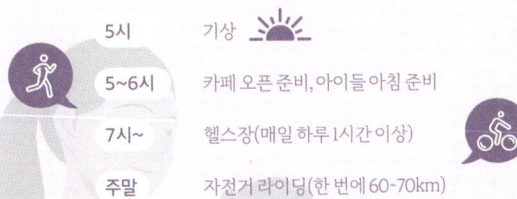

5시	기상
5~6시	카페 오픈 준비, 아이들 아침 준비
7시~	헬스장(매일 하루 1시간 이상)
주말	자전거 라이딩(한 번에 60~70km)

정원's Say 이론을 먼저 공부!

카페를 운영하다 보니 여유롭게 산에 가거나 자전거를 탈 수 없어서 헬스를 하게 됐어요. 근력 운동을 한 이후 허리 통증이 완화됐어요. PT는 안 받고 유튜브 핏블리(Fitvely) 님의 채널을 참고했어요. 여성 헬스를 잘 가르쳐주거든요.

정원's Say 근력 운동 노하우!

처음에 빈 봉으로 천천히 자세를 잡고 난 후 중량을 올려요. 중량 운동으로 지방을 태우고 유산소운동으로 근육에 쌓인 젖산을 풀어줘요.

🍽 **식단** 채소를 많이 먹으면 배가 불러서 다른 음식을 덜 먹게 돼요. 인바디를 측정하긴 하지만 몸무게와 체지방은 중요하지 않아요. 운동과 식단을 병행하는 건 건강한 삶을 위해서죠.

💡 단, 다음 날 아침 식사까지 12시간 공복을 꼭 지킴

- **아침**: 아몬드, 닭 가슴살 (탄수화물 금지)
- **점심**: 일반식(밥이든 간식이든 먹고 싶은 걸 먹음)
- **저녁**: 단백질 위주의 일반식

11
heroine's story

자신감과
여유가 생겼어요

임다솜
30대 후반
—
필라테스를 즐겨하는 딸 둘 맘.
투자 회사에 다니며 여행 블로그도 운영 중.

66

가족을 빛나게 하려고
했더니 나는 가족의
그림자에 갇히더라고요.
오히려 나에게 투자했더니
내가 빛나고 그 빛이
가족을 비출 수 있게
됐어요. 99

자격지심(自激之心). 스스로 이룬 것을 하찮게 여기는 마음을 뜻한다. 2020년 운동과 자기 관리를 시작하기 전 임다솜 씨의 마음이 그랬다. 고등학교 수학 교사로 일하다 출산 후 경력 단절이 오자 괜스레 주눅이 들었다. "돈도 못 버는데, 남편 돈 낭비하지 말아야지. 엄마 역할이나 제대로 하자." 강박적인 육아와 살림을 했다. "아이들에게 유튜브를 보여주면 안 돼"라고 다짐하고, 아이들과 더 많은 시간을 보내려 했다. 버스비조차 아끼려고 걸어 다녔다. 시간이 나면 어떻게든 집안일을 했다.

이상했다. 가족을 행복하게 하려 할수록 모두가 불행해졌다. 아이들을 지나치게 간섭하게 되었고, 몸과 마음은 점점 안 좋아졌다. 우울증에 시달렸고, 매일 다리가 퉁퉁 부었다. 운동을 시작한 이유는 간단했다. "살기 위해서."

학교는 왜 그만두었나요?

사범대를 졸업하고 고교 수학 교사를 8년 정도 했어요. 학생들을 상대하기가 쉽지 않았고, 스트레스가 심했어요. 그래서인지 아이가 계속 생기지 않았죠. 2014년쯤 어렵게 아이가 생겨서 학교를 그만두고 그 뒤로 간간이 일은 했지만, 대부분 주부로 살았어요. 2020년까지요.

주부로서의 생활은 어땠나요?

가정에 올인했어요. 누가 뭐라고 한 것도 아닌데, 경단녀가 되자 '돈도 못 버는데 가족이라도 잘 돌봐야지'라고 스스로 생각한 것 같아요. 육아에 집착했어요. 그러다 우울증이 왔죠. 지나친 애정은 아이들에게도 좋지 않았어요. 5분 대기조처럼 애들 곁에 붙어 있자 아이들이 엄마한테 너무 의존적이 됐어요. 몸도 점점 안 좋아졌고요. 평생 58kg으로 살았는데, 72kg까지 불기도 했죠.

운동은 어떻게 시작하게 됐나요? 원래 운동을 했나요?

아뇨. 운동은 거의 안 했어요. 너무 힘든 와중에 친구 소개로 필라테스 센터를 한 군데 방문했는데 거기서 PT를 받은 게 인생의 전환점이 됐어요. 2020년에 처음 시작한 뒤 지금까지 쭉 하고 있고요.

운동을 하고 나서 어떤 변화가 있던가요?

건강해지고 예뻐졌어요. 몸무게는 53kg까지 빠졌고요. 성인이 된 이후 가장 날씬해지니 그만큼 자신감도 살아났어요. 피곤함도 덜하고 마음에 여유가 생겼죠. 이전에는 아이들에게 쓰는 단어에 부정적 표현이 많이 섞여 있었는데, 그게 점점 바뀌었어요. 아이들이 실수해도 "괜찮아. 기다려줄게" 하는 식으로요.
그렇게 나에게 투자하면서 깨달았어요. "가족을 빛나게 하려고 했더니 나는 가족의 그림자에 갇히더라. 나에게 투자했더니 내가 빛나고 그 빛이 가족을 비추더라"라는 것을요. 스스로에게 투자하고 건강을 되찾으면서 육아와 살림에 대한 강박을 내려놓을 수 있었고, 많은 것이 좋아졌어요. 이후 점점 많은 일을 할 수 있게 됐죠. 나에게 투자하지 못한 지난 6년의 시간이 너무 아깝게 느껴졌어요.

하루 일과가 어떻게 되나요?

매일 절에 새벽 기도를 가요. 독서 토론도 하고, 다도도 배우고, 인문학 강의도 들어요. 블로그와 인스타그램 활동도 하고요. 평소에는 투자 회사에서 일하고 있어요. 일주일에 두 번 필라테스를 하고요. 그렇다고 아이들을 놓은 것은 아니에요. 아침을 먹여서 학교에 보내고 퇴근할 때 데리고 와요. 밤엔 아이들이 잠든 것을 보고 밖에 나가 한두 시간씩 걷고요.

엄청난 활동량이네요. 시간이 나던가요?

잠을 줄입니다. 아이들 돌보고 남편 건사하면서 나에게 투자하려면 그 방법뿐이더라고요. 보통 새벽 4시 반에 일어나요. 밤에 걷고 와서 자리에 누우면 밤 11-12시쯤 됩니다. 힘들지만 나에게 투자하며 채워지는 느낌이 너무 좋아서 유지하고 있어요. 피곤하면 낮잠을 좀 자고요. 밤에 운동하고 오면 꿀잠을 잘 수 있어서 좋아요.

건강관리를 지속하는 가장 근본적인 목적은 무엇인가요?

평균수명이 길어지고 있잖아요. 살아가야 할 인생이 너무 길어요. 남은 생을 건강하고 보람되게 살고 싶어요. 또 건강하지 않으면 돈이 많이 들잖아요. 운동을 안 하던 시절에 손이 마비돼서 몇 달간 고생한 적이 있어요. MRI·CT 촬영에 수백만 원이 들었죠. 그때로 돌아가고 싶지 않아요.

어떻게 필라테스를 꾸준히 하게 됐나요?

원래 산후 요가를 했어요. 유연성은 좋아지는 것 같았지만, 건강해지는 느낌은 받지 못했죠. 그룹 필라테스 수업도 받았는데 운동은커녕 저에게 곤욕이었어요. 허리 운동이라고 하는데 팔만 아프더라구요. 선생님이 하나하나 자세를 봐주지 못한 탓이었죠. 너무 힘들 때 친구

추천으로 지금 다니는 센터에 방문했는데 여기서 PT를 받으며 흥미가 생겼어요. 필라테스를 하니 코어가 좋아지는 게 느껴졌고, 골반 불균형 등의 문제가 해결됐어요. 몸 구석구석 아픈 데도 없어졌고요.

좋은 필라테스 센터를 고르는 기준은요?

전문성이요. 시작할 때 마사지를 해주는데, 뼈의 구조 등에 대해 잘 설명해줘요. 식단도 추천해주고요. 선생님들이 계속 강의를 들으면서 공부를 해요. 얼마나 섬세하게, 이론적으로 봐주는지를 보고 전문성이 있는지를 판단해요. 지금은 어디를 운동하면 그 부위에 효과가 딱 보여요. 오늘도 허리 운동을 하고 왔는데, 허리에 힘이 들어가는 게 느껴지더라고요. 처음에 흥미를 못 붙여서 그만두는 사람도 많아요. 첫 3개월은 저도 재미없었어요. 그냥 버텼죠. 그 정도는 버텨야 몸이 변화를 체감해요. 그러고 나면 지속할 수 있어요.

추천하는 다른 운동법이 있나요?

걷기요. 단, 반드시 운동복을 입고, 걷는 자세를 공부하고 걸으세요. 아니면 오히려 불균형이 심해진다고 해요. 저도 필라테스는 일주일에 두 번만 하지만, 걷는 건 매일 한두 시간씩 해요. 집이 있는 8층까지 매일 걸어 올라가고요. 그것만 해도 근육이 잡히는 게 느껴져요. 무엇보다 걸으면 생각이 정리돼서 좋아요.

임다솜 님의 루틴

주 7회 걷기, 계단 오르기(8층) / 주 2회 필라테스

다솜's Say 운동은 습관!

3개월을 버티면 몸이 좋아지는 게 느껴지고 계속하게 돼요. 제대로 된 PT를 받고 나니 코어가 강해지면서 골반 불균형 등의 문제가 해결됐어요.

다솜's Say 좋은 필라테스 센터 및 강사 고르는 요령!

공부하는 선생님인지 확인하세요. 여기저기 다니며 배우는 선생님이 좋은 선생님입니다. 전문성을 가지고 뼈의 구조 등에 대해 친절하게 설명해주는지, 허리 운동이라고 하면 허리 운동이 되는 느낌이 오는지 등을 살펴보세요.

식단 일주일에 1~2일 치팅을 통해 스트레스 해소!

- **아침** 우유, 식사 대용 단백질 1포, 사과 1개
- **점심** 일반식(밥은 빼고 고기와 생선 위주로)
- **저녁** 안 먹는 경우가 많음(배고플 땐 시리얼 바 1개)
- **+** 물 5L 이상 마심(다이어트에 도움이 되고 혈액순환도 잘되는 느낌)

재밌으면
꾸준히 하게 돼요

전경진
30대 후반

—

플라잉 요가로 운동의 재미에 푹 빠진 아들 맘.
운동의 기쁨을 전하는 인생 2막을 준비 중.

> 66
> 나이 마흔에
> 가슴 뛰는 분야를
> 찾아서 기쁘기도 하고,
> 신기하기도 해요. 99

확고한 목표, 굳은 의지….

보통 성공한 사람들은 이런 것을 내세운다. '나도 그렇게 해야지'라고 생각하지만 쉽지 않다. 사람마다 의지력도, 환경도 다르기 때문이다. 바로 이런 점이 젊은 세대가 '노오력'이라는 단어에 대해 비웃고 반감을 갖는 이유기도 하다. 하지만 '노오력'을 비웃으면서 아무것도 안 해봐야 자기만 손해다.

엄마들이 운동하기는 힘들다. 운동이 익숙하지도 않고, 시간도 없어서다. 다들 목표와 의지를 갖고 시작해도 종종 실패하는 것도 그래서다. 전경진 씨는 스스로 게으르고 의지력도 약하다고 말한다. 원래 운동을 좋아하지도 않았다고. 그럼에도 1년 넘게 꾸준히 운동한 끝에 건강과 아름다운 몸을 되찾았다. 경진 씨는 "재미있으면 꾸준히 하게 돼요"라고 말한다.

지금은 어떤 일을 하나요?

주부예요. 아이는 초등학교 3학년이고요. 원래는 가구 회사에서 리서치와 컨설팅 업무를 10여 년간 했어요. 아이가 여섯 살 될 때까지는 회사에 다녔는데, 전업주부에 대한 갈망이 커서 퇴사했어요.

운동은 어떻게 시작하게 되었나요?

아이 가졌을 때는 관리를 잘해서 아이 몸무게만큼만 살이 쪘어요. 그런데 출산하고 나서 체중이 많이 불었어요. 육아휴직을 마치고 복직했을 때, 저를 못 알아본 동료가 있을 정도로요. 69kg까지 쪘죠. 운동은 안 했어요. 엄마가 아이를 봐주셔서 퇴근하면 바로 집에 가야 했거든요. 남편도 제가 살이 찌는 것을 별로 신경 쓰지 않았어요. 그냥 포기했던 것 같아요. 예전에 입던 옷이 맞지 않고, 심지어 결혼반지도 들어가지 않아서 많이 속상했죠. 그럼에도 '아이 낳으면 다 그렇지 뭐' 하는 마음에 체념했어요. 먹는 걸 워낙 좋아하기도 했고요.

퇴사 후에는 '건강을 챙겨야지'라는 마음에 근처에 있는 커브스 회원권을 끊었어요. 문제는 너무 재미없었다는 거예요. 저에게 맞는 운동이 아니더라고. 울며 겨자 먹기 식으로 억지로 가다가 결국 그만뒀죠. 그리고 2~3년은 운동 안 하고 살았어요. 그런데 코로나19가 계기가 됐죠.

어떤 계기인가요?

코로나19 때문에 아이랑 자주 하던 활동을 못 하게 됐어요. 달리 할 것도 없던 차에 어쩌다 자전거를 한번 탔는데 재미있는 거예요. '운동이 이렇게 재미있을 수 있구나'라고 처음 느꼈어요. 마침 마흔이 되던 시점이었는데요. 여기서 나를 관리하지 않으면 그냥 '아줌마'로 늙어갈 것 같다는 생각이 들더라고요. "재미있는 운동을 찾는다면 나 같은 사람도 꾸준히 할 수 있겠구나" 싶었죠. 그러다가 찾은 게 플라잉 요가예요. 작년 6월이었죠.

플라잉 요가는 처음부터 재미 붙이기가 쉽지 않을 것 같은데요.

물론 처음부터 재미있지는 않았어요. 오히려 과체중에 유연하지도 않은 몸으로 해먹에 겨우 매달려 있는 제 모습이 애처롭기까지 했죠. 살이 많이 쪄서 해먹에 살이 끼는 거예요. 워낙 운동신경이 없다 보니 남들보다 배우는 속도도 늦었고요.

그럼에도 계속했다는 건데, 자존감이 굉장히 높은 분인가 봐요.

저는 제 스스로 절대 자존감이 높은 사람이라고는 생각하지 않아요. 그저 이대로 안주하고 싶지 않은 마음이 컸던 것 같아요. 처음에는 수업 시간에 못 따라 하는 동작이 많아서 거실에 플라잉 요가 해먹을 설치해 연습하기도 했어요. 그런 제 모습을 보고 남편이 '불나방'이라는 별명도 지어줬어요. 해먹만 보면 매달린다고요.

지금은 잘하시나요? 변화가 있었는지 궁금해요.

일단 13kg 감량했어요. 출산 전에 입던 옷들도 입을 수 있고, 무엇보다 결혼반지가 쑥 하고 들어갔을 때의 그 기쁨은 잊을 수가 없어요. 저는 그냥 재미있게 운동했을 뿐인데, 사람들이 다이어트 보조제나 삭센다(다이어트 주사) 같은 것을 쓴 건지 궁금해하더라고요. '아, 내가 꽤 어려운 일을 해냈구나'라는 생각에 뿌듯했어요. 아이와 남편한테도 좀 더 좋은 엄마, 아내가 된 것 같아요. 요즘은 건강해지고 에너지가 많아져서 그런지 좀 더 움직여요. 집안일도 더 열심히 하고, 아이도 더 살뜰하게 챙기고요.

운동을 통해 얻은 가장 큰 변화는 무엇인가요?

가장 큰 변화는 운동이 한 사람의 인생에 얼마나 긍정적 영향을 미치는지 체감하게 된 것이죠. 제 몸에서 일어나는 변화를 직접 보고 느끼면서 '스포츠 의학'이라는 공부하고 싶은 분야가 생긴 점이 저에게는 가장 큰 선물 같아요. 인체 해부학과 재활부터 차근차근 공부하고 싶어서 작년 12월에 필라테스 지도자 과정도 등록했어요. 나이 마흔에 가슴 뛰는 분야를 찾아서 기쁘기도 하고 신기하기도 해요.

전경진 님의 루틴

플라잉 요가　　주 3회, 1회 1시간
플라잉 요가를 잘하기 위해 최근 매트
요가와 웨이트 트레이닝도 시작했어요!

경진's Say 플라잉 요가의 매력

게임할 때 스테이지를 깨는 것처럼, 동작을 완성하기 위한 체계적 노력과 동작을 해낸 후 엄청난 쾌감을 느낄 수 있어요. 복근으로 다리를 들어올리기 위해 꾸준히 복근 운동을 하는 식이죠. 거꾸로 매달려서 흔들릴 때의 짜릿함! 잔근육 위주로 근육이 예쁘게 생겼을 때 정말 뿌듯해요.

경진's Say 겁내지 말고 3개월만 해보세요!

운동신경이 없어도 초급 3개월만 하면 기본은 완성됩니다. 1년 뒤에는 내가 움직이고 싶은 대로 움직이게 돼요. 그다음에는 더 정교하고 도전적인 동작으로 넘어갈 수 있어요. 저는 개인 레슨은 안 받았지만, 집에 해먹을 설치해 꾸준히 연습했어요.

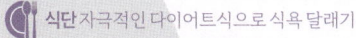

식단 자극적인 다이어트식으로 식욕 달래기

아침	점심 · 저녁	
운동 30분 전에 꿀물 마시기	일반식이지만 반찬만 먹고 밥은 생략하기	+ 야식 끊기, 자극적인 음식이 먹고 싶을 땐 곤약 짜장면 등으로 대체

⑬
heroine's story

인생 최고의
순간이요?

김은화
40대 초반
—
19년차 초등학교 교사이자 아들맘.

66
자신에게 시간을
투자하는 것을
두려워하지 마세요. 99

내가 택한 일이라고 항상 즐겁게 할 수 있는 건 아니다. 초등학교 교사인 김은화 씨도 그랬다. 창의적 교육을 하고 싶어서 혁신 학교 교사로 지원했고, 실제로 즐겁게 일을 했지만, 스트레스는 쌓여갔다. 자주 밤을 새워 일해야 했고, 자신을 돌보거나 쉴 시간이 적었다. 그러다 번아웃과 목 디스크, 족저근막염 등 여러 가지 질병이 한꺼번에 몰려왔다.

과감한 결단이 필요했다. 19년 전, 처음 교단에 섰을 때 아이들에게 읽어주면서 감동받았던 그림책 <지하 정원>의 이야기처럼 자신만의 정원을 가꿔나가기로 했다. 시간선택제 근무로 매주 20시간만 일하며 자신을 돌보기로 한 것이다. 그때 운동을 만났다.

운동을 하기 전 일상은 어땠나요?

지난 2-3년 개인적으로 힘든 시간을 보냈습니다. 창의적이고 진취적인 일을 좋아해서 새로 문을 연 혁신 학교에 지원했어요. 실제로 일은 재미있었지만, 저를 돌볼 시간은 부족했어요. 학교 일도 많았고, 집에 오면 아이 돌보고, 새벽이면 다시 일을 해야 했거든요. 족저근막염과 목 디스크가 발생했고, 체중이 느는 데다 우울증과 무기력증까지 생겼죠. 엄청나게 일했지만 무능력한 교사라는 자책감이 저를 힘들게 했어요. 집에 와서 가족들에게 쌓인 스트레스를 풀며, 또 화를 내고 있는 저를 보면서 제 자신을 돌봐야겠다는 생각이 들더라고요. 돌파구가 필요했죠.

돌파구를 찾았나요?

시간선택제로 근무하기로 하고 상담도 받았어요. 하지만 실제로 큰 도움이 된 것은 한 독서 모임에 참여하면서였어요. <아티스트웨이>라는 책으로 하는 오프라인 독서 모임이었는데, 거기서 권하는 모닝페이지를 매일 아침마다 쓰면서 "어떻게 하면 나를 돌볼 수 있지?"를 고민하게 됐어요. 그런 고민을 하던 중에 워킹맘 말랑이 님의 블로그를 통해 히로인스를 접했고, 나를 돌보는 활동의 루틴으로 매일 운동을 시작하게 됐죠.

운동 루틴을 소개해준다면.

주 7일, 매일 달리기를 합니다. 만 보 걷기는 오래전부터 해왔고, 헬스나 배드민턴도 조금씩 하곤 했는데, 히로인스를 알게 된 후에는 달리기에 도전했어요. 아침에 아이가 일어나기 전에 최소 30분, 3km는 뛰려고 합니다. 걸음 수로 1만 보 이상은 꼭 채우려고 해요. 처음에는 힘들었는데, 지금은 익숙해져서 '아, 운동량이 조금 부족하다'라고 생각하고 있어요. 그래서 주 3회 웨이트트레이닝도 도전해볼 계획입니다.

지금 실천하는 미라클 모닝에 대해서도 소개해주세요.

새벽에 일어나기 위해 매일 저녁 9시면 자려고 노력합니다. 아이도 남편도 같이 습관을 들여서 이제 9시면 다 같이 불 끄고 누워요. 새벽 4시면 일어나서 나만의 미라클 모닝 시간을 3시간 정도 갖습니다. 미라클 모닝 시간에는 모닝 페이지 쓰기, 묵상과 기도, 독서, 영어 원서 읽기, 아침 운동을 매일 꾸준히 하려고 하고, 매일 블로그에 아침에 한 일들을 기록하고 있습니다. 엄마들은 자신을 위해 시간을 내기가 어렵지만, 그럼에도 자신만의 시간을 갖고 내가 좋아하는 일을 할 때 에너지가 생기는 것 같아요.

다양한 일에 도전하고 계신 것 같아요. 기억에 남는 순간이 있다면요.

시간선택제로 근무하면서 내가 좋아하는 것들을 찾아서 다양하게 도전해봤어요. 평소 그림에 자신이 없었습니다. 그런데 오일 파스텔 수업을 들으면서 사람들과 함께 그림을 그려서 작년에는 그림 전시회도 두 차례 열었고, 바이올린 파트로 앙상블에 입단해 단원들과 서울역 노숙자분들을 위한 연주회도 개최했어요. 아이들을 위해서 학교 입구에 서서 크리스마스 전날 바이올린 버스킹 연주를 하던 때는 제 인생 최고의 순간 중 하나였죠. 2023년에도 전시회와 연주회를 계속 열고, 책도 쓰고, 마라톤에도 도전해볼 생각이에요.

새로운 도전을 준비하는 사람들에게 조언 한마디 해준다면.
자신에게 시간 투자하기를 두려워하지 마세요. 내가 나를 가꾸어나가고 나만의 아름다운 정원을 만들어나갈 때 가까이 있는 가족들도 같이 행복해집니다. 이전에 저는 정말 가족들에게 화도 많이 냈는데, 내가 좋아하는 일들을 해나가면서 마음과 몸의 질병에서 회복되니 가족을 편안하게 대할 마음의 여유가 생기고 많이 웃게 됐어요. 제가 행복해지니 가족에게도 그 행복이 전해진다는 사실을 깨달았죠.

운동하고 나서 느낀 좋은 점은 무엇인가요?
항상 이상적이라고 생각해온 체중에 도달했고, 그게 유지가 되더라고요. 뱃살이 없어지고 자신감이 생겼어요. 고작 3-4kg 빠진 건데 "못 알아보겠다", "더 젊어진 것 같다"라고 말씀하시는 분도 있어요. 또 교사다 보니 항상 아이들과 생활하는데, 아이들에게는 시각적인 부분이 매우 중요해요. 선생님의 모습이 활기차고 에너지가 있으니, 아이들도 더 수업에 더 집중하는 것이 느껴져요. 운동을 꾸준히 하니까 에너지가 생기고 학생들에게도 긍정적으로 대하는 교사가 되는 것 같아 뿌듯해요.

운동을 할까 말까 고민하는 엄마들에게 조언해주신다면.
히로인스에는 특별하지 않은, 보통 엄마들이 운동을 통해 회복하는 과정이 있어요. 그 과정을 보고 있으면 자신을 돌보고 사랑하는 엄마들의 모습에 뭉클해지곤 합니다. 혼자 운동하는 것과는 달라요. 응원하고 응원을 받다 보면 에너지가 생기고 꾸준히 운동할 힘이 생깁니다. 엄마들을 돕고 응원하는 히로인스의 진정성을 느끼고 있어요.

김은화 님의 루틴

달리기
주 7회, 한 번에 최소 30분
(3km, 걸음 수 1만 보 이상)

웨이트트레이닝
주 3회 도전 예정

미라클 모닝 실천
새벽 4시 기상
4~7시 모닝 페이지 쓰기,
묵상과 기도, 독서, 영어 원서
읽기, 아침 운동, 매일 아침에
한 일들 블로그에 기록하기

은화's Say 운동 후 가장 좋은 점!

나만의 시간을 갖고 내가 좋아하는 일을 할 때 에너지가 생기는 것 같아요.
운동을 하고 가장 좋은 점은 이상적이라고 생각하던 몸무게에 도달했고, 그걸
유지하고 있는 거예요. 고작 3~4kg 빠졌는데, 자신감이 생겼어요. 활기차고
에너지가 있으니 아이들도 수업에 더 집중하는 게 느껴져요. 학생들에게
긍정적이고 여유 있게 대하는 교사가 된 것 같아 뿌듯해요.

 식단 하루 한 끼는 일반식, 나머지는 단백질 위주의 식사

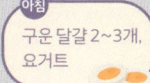

아침
구운 달걀 2~3개,
요거트

점심
일반식

저녁
샐러드, 고기

PART 2

Essay

Just Do it

① essay

남편 놈의
말을
그냥 두지 말기

엄마의
다이어트를
실패하게 하는 빌런

어쩌면 고해성사일지도 모르겠어요. 그러나 그만큼이나 '남편 놈들'의 심리를 정확히 꿰뚫고 있을 수도 있어요.
히로인스를 시작하면서 시중에 있는 중년, 여성, 엄마, 건강, 다이어트 키워드가 들어간 책은 다 사서 읽어본 것 같아요. 이들 책에는 대부분 다이어트에 실패한 엄마들의 사례가 담겨 있어요. 거기서 빠지지 않는 이야기가 '남편의 한마디'예요.

"그러다 다이어트 박사 되겠어."
- 각종 다이어트 방법을 시도하다가 매번 실패하는 아내에게
"야, 운동은 그렇게 하는 게 아니야."
- 어렵게 결심해서 이제 홈트를 어설프게 따라 하려는 아내에게
"그만 좀 먹어."
- 빵을 입에 달고 사는 아내에게

굳이 책 핑계를 대지 않더라도 저 말들은 제가 아내에게 했던 말이기도 해요. 제 나름대로는 좋은 다이어트 방법을 찾아서 유튜브 링크를 보내기도 하고, 아내를 붙들고 스쿼트 자세를 하나하나 잡아주기도 했고요. 그러나 아내는 번번히

짜증을 냈고, 저는 애써 시간도 내고 신경 써서 가르쳐주는데 왜 그러느냐며 또 짜증을 냈죠. 아마 다들 비슷하실 거예요. 뭐가 문제일까요?

첫 번째 사례부터 봅시다. 아내는 왜 여러 다이어트에 실패했을까요? 아마 급진적 방법 - 샐러드만 먹고 일주일 버티기 - 을 택했겠죠. 왜 그랬을까요? 조급해서예요. 다시 출산 전으로 돌아가지 못할까 봐. 변해버린 몸이 싫으니까. 그런데 조급함에 남편의 비아냥이 더해지면 포기로 바뀌어요.

두 번째 사례를 볼게요. 아내가 홈트를 시작한 건 큰 결심이었을 거예요. 돈도 적게 쓰면서 어떤 운동이라도 하겠다는. 그런데 거기에 잔소리를 더하면요? 용기는 바로 꺾여버리게 되죠.

세 번째 사례도 비슷해요. 아내는 힘든 거예요. 그 힘듦을 달래주는 게 빵과 같은 단당류가 주는 혈당 스파이크죠. 거기에 "그만 좀 먹어"라는 한마디는 그 힘듦을 배가 해요.

결과는 다이어트 실패가 되고 말죠. 남편의 잘못은 자꾸 아내의 실패를 '의지'의 문제로 해석하는 거예요. "의지가 없으니 샐러드만 먹지 못하지, 의지가 없으니 배우려고 안 하지…." 아내는 실패할까 봐 두려울 뿐 의지가 없는 게 아니라는 사실을 이해하지 못하는 거죠.

아내에게 필요한 건 격려인 걸 저도 뒤늦게 알았어요. 다이어트에 실패할 때도, 운동을 안 갈 때도 "괜찮아, 잘하고 있는데 뭘" 하며 그냥 지나가는 거죠. 그렇게 격려와 기다림이 쌓이다 보니 아내는 어느새 하루에 2시간을 스스로 운동하는 습관이 들어 있었어요.

남편에게 얘기해주세요. 이건 의지의 문제가 아니라고. 내게 의지는 충분히 있다고. 다만 나도 지금의 내 모습이 만족스럽지 않고, 과거로 돌아가지 못할까 봐 무서울 뿐이라고. 그리고 격려와 지지를 해 달라고 얘기하세요.

남편의 말이 맞다고 해도 방식이 잘못되면 결국 실패를 불러올 뿐이니까요.

마지막으로 남편 입장에서도 한마디 할게요. 남편을 미워하지 마세요. 모를 뿐이니까요. 잘 알려주면 이해할 거예요.

그건 겸손이 아니에요

남과 비교하며 자책하지 마세요

최근에 한 운동맘과 소통할 일이 있었어요. 운동을 정기적으로 하느냐는 질문에 그는 "그냥 조금 해요. 열심히는 안 하고"라고 답했어요.
"한 달에 한두 번은 하시냐"라고 물었더니 "일주일에 두세 번 요가 좀 하는 정도"라는 답변이 돌아왔어요.

"아니, 그 이상 운동을 어떻게 더 열심히 하죠?"
"히로인스 피드에 있는 분들은 매일 운동하고 복근도 있잖아요. 저는 그렇지 않아서요…."

대화 후 한참을 생각했어요.
육아와 일에 바쁜 엄마가, 일주일에 두세 번 시간을 내서 운동한다는 것은 얼마나 어려운 일일까.
그런데 왜 그는 스스로 "열심히 하지 않는다"라고 답할까.
더 나아가 "누구만 못하다"라고 말하는 걸까.
물론 직장 생활을 하면서 매일 새벽 시간을 내서 공부도 하고 운동도 하는 엄마들도 있어요. 대단하고, 존경스럽죠. 하지만 사람마다 상황이 다르잖아요. 일주일에 두세 번

시간을 내서 자기 관리를 하는 것은
사실 엄청난 일이에요.
이분만 그렇게 생각할까요? 그렇지
않은 것 같아요. 엄마들을 고객으로
상대하면서 자주 느끼는 것이
'이들은 참 스스로를 낮게 본다'라는
점이에요.
고칼로리 음식 한 번 먹으면 무슨
나쁜 짓이라도 한 것처럼 스스로를
몰아붙이는 분들을 종종 봐요.
동네를 꾸준히 산책하면서 스스로를
관리하는 분들이
"나는 게을러서 운동을 안 해요"라고
하는 경우도 있고요.
그건 겸손이 아닌 것 같아요.
실제로 엄마들의 다이어트에 가장 큰
적은 이 겸손으로 포장된
자조(自嘲)예요.
한 끼 폭식하면 "다음 날 굶어야지",
"다음 날 공복 유산소 빡세게
타야지." 이런 말을 많이 하거든요.
이건 의학적으로도 완전히 잘못된
방식이에요.
폭식하고 굶으면 보상 심리 때문에
또 폭식으로 이어져요.
이건 살이 찌는 문제를 넘어서
건강에 안 좋아요.
공복 유산소운동을 오래하면 우리

몸은 지방을 축적하는 형태로
발전하지, 살이 빠지는 형태로
발전하지 않아요. 자조와 잘못된
지식이 합쳐져서 나쁜 결과를 낳는
셈이지요.
어제 치킨에 맥주 한잔하셨나요?
스트레스가 확 풀렸겠어요.
아침은 건강하고 부담스럽지 않은
음식으로 든든히 챙겨 먹고 하루를
시작하세요. 그래야 그 에너지로
술도 깨고, 운동도 하지요.
무거운 몸을 이끌고 오늘도
뒷산 한 바퀴 돌고 왔다고요?
누군가는 앉아 있을 시간에
스스로에게 투자하셨네요.
어제의 폭식한 나를 떠올리며
자책하지 말고 몸을 움직인 나에게
칭찬해주면 좋겠어요.
그리고 그 작은 노력을 반복하면
어떨까요.

여러분, 좋은 면 칭찬해 가며 내게 이로운 음식을 담고 지책하지 말며 몸을 움직인 나를 칭찬해 주세요.

나를 망치는 집착

유행하는 다이어트를
멀리해야 할 이유

다이어트에는 많은 방법론이 존재합니다. 키토제닉 같은 식이요법부터 다이어트 한약이나 삭센다 같은 약물적 요법도 있지요. 효과에 대해서는 갑론을박이 이어집니다. 시중에 많은 다이어트 책이 있고, 이 책들에서는 "약에 의존하면 안 된다"라고 입을 모읍니다. 그럼에도 삭센다 대표는 한국이 아시아에서 가장 큰 시장이라고 말하고, 여전히 다이어트 한약을 파는 한의원은 성업 중이니 이를 향한 욕구는 끊이지 않는 듯합니다.

약물에 국한해 생각할 필요도 없습니다. "어떤 다이어트 방식으로 효과를 봤다"라고 하면, 그 글은 일종의 종교가 됩니다. 추종자들이 생기고 그 다이어트법이 제시하는 극한의 방식을 자기 몸에 실험합니다. 어떤 엄마는 키토제닉을 한다고 아침과 저녁 식사를 속칭 '방탄커피'로 때우고, 점심엔 닭 가슴살과 채소만 먹겠다고 하는 것을 봤습니다. 키토제닉 전문가는 아니지만, 저런 식단은 키토제닉이 아니라 그냥 스스로에 대한 학대 같습니다.

왜 이런 일이 계속 일어날까요? 운동맘들은 말합니다. 인스타그램을 통해 끊임없이 자극되는 상대적 박탈감은 우리를 괴롭힌다고. 인스타그램은 일상이 아닌 삶에서 가장 화려한 순간을, 그것도 각종 필터와 기술로 꾸며낸 허상임을 잘 알면서도 계속 마음은 흔들립니다. 흔들린 마음과 엄마의 낮은 자존감이 융합되면서 '나도 곧 저렇게 되리라'라는 일종의 의지가 마음에 새겨지고, 힘들게 번 귀한 돈을 다이어트를 위해 바치는 과정이 반복됩니다. 인스타그램의 똑똑한 AI 광고는 우리를 유인하고요.

결과에 대한 집착, 특히 남과 비교하는 결과에 대한 집착은 우리를 망칩니다. 자칫 자존감이 낮아지기 쉬운 환경에 놓여 있는 엄마들은 이를 경계해야 합니다.

"당신도 노력하면 된다"라는 말도 귀담아듣지 마세요. 그러면 어떻게 해야 할까요?

건강을 되찾은 많은 운동 맘은 의외로 결과에 무게를 두지 않습니다. 매 순간의 성취감, 즐거움에 더 집중합니다. 오늘도 만 보를 걸어낸 뿌듯함, 오늘도 동네를 뛰면서 느낀 상쾌함, 오늘도 내가 좋아하는 운동을 하면서 경험한 즐거움. 이런 것들 말이죠. 이들은 오히려 식단에 집착하지 않습니다. 종종 술을 거하게 마셨다는 얘기도 들립니다. 그 순간 즐거우면 된 겁니다. 다만 모두가 아는 것처럼, 술 마신 다음에는 즐겁지 않기 때문에 몸을 다시 즐거운 상태로 바꿔줘야 합니다. 그게 운동이죠.

결과만 바라보는 스스로를 경계하세요. 인스타그램 속 사진들도 경계하세요. 본인의 자존감이 자못 낮아져 있다는 사실도 인지하길 바랍니다. 그리고 마음을 툭툭 털어버리고, 본인을 즐겁게 하는 일을 해보세요. 옷을 걸치고 밖에 나가는 거죠. 최근 히로인스에는 '혼산(혼자서 산행)'을 한 분의 스토리가 인기를 끌었어요. 시원한 바람과 따뜻하게 데워진 몸, 뜨거운 커피 한 잔과 같은 '진짜 좋은 것들'을 스스로에게 선물해주세요. 그러다 보면 자신을 사랑하는 스스로를 발견할 수 있을 거예요.

> 결과에 대한 집착, 특히 남과 비교하는 결과에 대한 집착은 우리를 망칩니다.

출산 후 다이어트 기초 방정식

'살 빼기'보다 체력을 기르는 게 먼저입니다

"임신을 했고, 다들 임신 중에는 무조건 잘 먹어야 한다고 합니다. 입이 터졌고, 평소보다 훨씬 잘 먹게 됩니다. '아이가 먹는 거니까'라며 찐 살은 출산하면 다 빠지리라 생각하죠. 그런데 출산하고 나니 딱 '아이 몸무게+양수 무게' 만큼만 빠졌고, 내게는 15kg이 남았더라…"라는 슬픈 이야기. 더불어 남편 놈은 임신했을 때는 내가 먹는 걸 마구 부추기더니 애를 낳고 나니까 "뭐 그렇게 살이 쪘냐"라고 말하더라는….
엄마들은 결심합니다.
"살을 빼야겠다!"
여기서부터가 악순환의 시작입니다.
'살을 뺀다'는 목적으로 할 수 있는 일은 크게 세 가지예요.

1. 덜 먹거나, '닭고야'만 먹는다
2. 운동을 강도 높게 한다
3. 다이어트 약 같은 걸 먹는다

이 셋은 반드시 실패합니다. 왜 그럴까요?
첫째, 안 그래도 출산으로 몸이 약해지고 애들 보느라 피곤한데, 덜 먹으면 기운이 빠집니다. 닭고야로는

스트레스 해소가 안 됩니다. 결국 입이 터집니다.
둘째, 헬스장에서 러닝 머신 2시간을 뜁니다. 너무 힘듭니다. 집에 오면 애들이 있습니다. 더 힘듭니다. 몸살이 나거나 뻗어버립니다. 회복해야 합니다. 결국 입이 터집니다.
셋째, 다이어트 약은 식욕억제제입니다. 출산 후 몸 컨디션도 안 좋은데 애들 보느라 에너지도 빠지고, 식욕이 없으니 먹지를 않습니다. 결국 몸은 더 약해지고 몇 번 기절을 경험한 뒤 입이 터집니다.
의지의 문제가 아니에요. 실패하는 게 당연해요. 천하의 의지를 가졌더라도 위의 방식으로는 성공하지 못합니다. 목표가 잘못됐으니까요. '살을 뺀다'는 게 목적이면 위와 같은 행동이 나올 수밖에 없어요. 제대로 된 목적을 설정하는 방법은 무엇일까요? 바로 '체력 단련'이에요.
일단 다시 건강해져야 해요. 육아를 한 뒤에도 나에게 투자할 체력이 남아 있어야 하죠. 그래야 살을 빼든 뭘 하든 합니다.

체력이란 뭘까요? '운동+영양'의 결과물이에요. '유산소+영양'은 심폐 지구력이고, '근력 운동+영양'은 근성장 혹은 근지구력입니다. 심폐 지구력과 근육이 합쳐진 몸을 건강한 몸이라고 부르죠. 일단 건강한 몸을 만드는 것이 먼저에요.
건강해지려면 잘 먹어야 합니다. 떡볶이 같은 건 안 되지만, 꼭 닭 가슴살일 필요도 없어요. 물론 먹기만 해서는 안 돼요. 운동도 해야죠. 아이를 유모차에 태우고 빠르게 걸어보는 건 어떨까요. 아니면 아이를 안고 중량 스쿼트를 해도 좋아요.
물론 살은 안 빠지겠죠. 오히려 몸무게가 더 나갈 수도 있어요. 그러나 체력이 길러지면 육아를 하고도 힘이 남을 거예요. 운동과 다이어트는 그때부터 시작하면 돼요. 그러면 성공할 수 있어요. 먼저 체력을 기르세요. 시간은 좀 걸리겠지만, 그게 최선입니다. 그렇게 좋은 것 많이 먹고, 나에게 시간을 투자해서 운동해보세요. 언젠가 멋진 몸을 가진 나를 보게 될 거예요.

균형 잡힌 식사, 이것만 기억하세요!

탄단지는 건강한 식단의 기본

적절한 측정 방법이 있으면 건강하고 균형 잡힌 식사를 할 수 있습니다. 그래서 손으로 양을 잡는 법을 알려드려요. 일일이 무게를 재지 않더라도 어디서든 적절하게 양을 조절할 수 있어요. 심지어 밖에서 먹을 때도요.

단백질은 식사의 기본!
단백질의 중요성은 점점 강조되고 있습니다. 단백질은 근육을 만드는 것 외에도 다른 영양소와 합성하거나, 체내에서 다른 영양소를 운반하는 역할을 해요.
보통 우리는 탄수화물을 식사의 기본으로 생각합니다. 밥이나 빵 같은 것이죠. 한데 우리가 먹는 탄수화물은 정제돼 있어서 GI지수가 높은 경우가 많습니다. 이 경우 1-2시간 지나면 금방 배가 고프고 또 다른 음식을 찾게 되죠.
자, 그럼 한 끼에 먹을 단백질의 양은 어떻게 계산할까요?
아주 간단합니다. 성인 남성의 경우 손바닥 2개만큼, 여성의 경우 1개만큼 정도면 돼요. 또한 단백질의 종류가 꼭 닭 가슴살일 필요는 없어요.
고기, 생선, 유제품 혹은 식물성

단백질도 좋습니다.
일단 상을 차릴 때 단백질을 먼저 깔고 시작하세요. 이 방법을 통해 우리가 생각보다 단백질을 적게 먹고 있다는 걸 알게 됩니다.

과일, 채소는 왜 중요할까?
과일과 채소는 비타민, 미네랄과 같은 미세 영양소와 항산화제, 섬유질을 공급해줍니다.
미세 영양소와 항산화제, 섬유질은 우리 몸에서 어떤 역할을 할까요?
에너지 공급, 면역 기능, 염증 조절, 건강한 소화 기능 유지, 전반적인 건강을 책임지고 있어요.
그럼 과일, 채소의 양은 한 끼 식사에서 얼마나 먹어야 할까요?
이건 주먹으로 측정하면 편해요.
여성은 적어도 주먹 1개만큼, 남성은 주먹 2개만큼입니다.

탄수화물은 나쁜 게 아니에요!
탄수화물은 적절히 먹으면 나쁜 게 아니에요. 단 그 '적절히'가 우리 생각보다 좀 적어요. 그래서 먼저 단백질과 채소, 과일을 먼저 채우고 탄수화물을 먹길 권합니다.
여성은 한 손바닥에 담길 만큼,

남성은 두 손바닥에 담길 만큼이에요. 정제가 많이 된 탄수화물은 GI지수가 높다는 사실, 다들 아시죠? 특히 '갈색' 탄수화물이 건강에는 좋습니다. 현미, 키노아, 오트, 통밀 시리얼, 통밀빵, 콩, 감자, 고구마 등이요.

지방도 먹어야 해요!
탄단지는 건강한 식단의 기본이에요.
불포화지방산이라면, 먹어도 되는 정도가 아니라 건강한 삶을 위해 꼭 필요합니다. 지방산은 비타민 흡수, 호르몬 생산, 세포 보호 등을 위해 반드시 필요하거든요.
지방의 양을 재는 방법은 엄지손가락입니다.
여성은 엄지손가락 1개 분량, 남성은 2개 분량 정도 섭취하면 좋습니다.
우리 몸에 이로운 불포화지방산 식품에는 저온 압착 올리브 오일, 유채씨유(요리할 때), 코코넛 오일, 견과류, 연어, 아보카도 등이 있어요.

오늘부터 '갓생 살기'

작은 노력이 쌓이면
좋은 습관이 된다

다이어트에 실패한 경험, 누구나 한 번쯤 있겠죠? 당연합니다. 습관을 만드는 건 정말 어려운 일이거든요. 의지만 갖고 되는 게 아니에요. 운동하고 식단을 지키는 습관을 만드는 노하우가 필요해요.
먼저 목표 말고 정체성을 세우세요. 다이어트 목표는 다 비슷해요. '3개월 내 10kg 감량'. 그런데 이게 한 번에 안 돼요. 변화는 느리게 일어나니까요.
설사 목표를 달성한다 쳐요. 그다음은요? 10kg을 감량하겠다고 했지, 유지하겠다고는 안 했거든요. 결과는 요요죠.
그래서 목표 말고 정체성을 세워야 해요. 즉 내가 되고 싶은 모습이 있어야 해요. "아이랑 신나게 뛰어놀 수 있는 엄마가 되겠다"라는 식으로요. 그리고 작은 성공들을 이루면서 스스로가 그런 사람이 되고 있다는 것을 자신에게 설득해야 해요.
계획은 최대한 구체적으로 짜세요. 이런 실험을 했대요. 두 집단에게 '운동을 해야 하는 이유'에 대해 글을 읽게 했습니다. 그리고 한 집단만 '내일 몇 시 몇 분에 운동하기'라고 계획을 짰대요. 그 결과 계획을 짠 집단만 운동을 했다고 해요.
계획은 구체적이어야 합니다. 현재 매일 하고 있는 활동과 연결시켜서 계획을 정하세요. 예를 들면 '아침에 양치 후 스쿼트 100개 하기' 처럼요. 더불어 눈에 보이는 곳에 그 계획을 적으세요. 양치하고 스쿼트 100개를 하기로 했다면, 칫솔 통 옆에 계획을 붙여놓는 거죠.
그리고 내가 좋아하는 활동과 연결하세요. 운동 습관이 형성되지 않는 근본적 원인은 뭘까요? 재미없고 하기 싫은 거죠. 그래서 가능한 한 이 일을 즐겁게 설계해야 해요. 운동 자체를 재미있게 만들 수는 없어요. 하지만 재미있는 일과 엮을 수는 있어요.
예를 들면 "운동을 한 다음에만 인스타그램을 보겠다"라는 식으로요. 그러면 인스타그램을 볼 생각에 운동을 시작할 수 있겠죠.
커뮤니티에 들어가는 것도 방법이에요.
주변인과 운동을 같이 하는 거죠. 집단에 소속돼 있으면 그렇지 않을 때보다 습관이 두 배 이상 잘 형성된다는 연구 결과도 있어요.

다음은 하기 쉽게 만드세요. 아침에 잠도 깨지 않았는데 '하루 10km 뛰기' 이렇게 목표를 정해놓으면 안 뛰게 돼요. 그래서 목표를 최대한 쉽게 만드는 노력이 필요해요. 무조건 2분 내 할 수 있는 목표를 세우세요. 예를 들면 '아침에 일어나서 러닝화 신고 신발 끈 묶기'처럼요.
여기서 중요한 건 정말 신발 끈만 묶어도 된다는 거예요. 안 뛰어도 돼요. 그 대신 그걸 매일 하세요. 매일 달라지지 않아도 좋으니 매일 신발 끈을 묶으세요. 그러면 어느 날은 500m라도 걷게 되고, 그다음 날은 1km를 뛰게 되는 날이 올 거예요.
마지막으로 운동을 할 때마다 스스로에게 보상을 주세요. 우리는 날씬해질 내 모습을 상상하며 운동해요. 하지만 그 과정이 너무 오래 걸려서 포기하게 되죠.
단 하루만 운동해도 받을 수 있는 보상을 설계하세요. 별것 아니어도 돼요. 예를 들면 운동 한 번 할 때마다 500원씩 유리통에 넣는 거예요. 그 유리통에 동전이 쌓이는 재미가 있잖아요. 아니면 운동 기록 앱 같은 걸 써봐도 좋아요.

왜 식단보다 운동이 먼저일까?

90% 이상 다이어트에 실패하는 이유

'살이 쪘다'.
많은 경우 여기서부터 시작돼요.
보통 다이어트, 즉 '살 빼기'를 하는
방법으로는 크게 운동과 식단 두
가지가 있는데요, 목적이 '살 빼기'다
보니 식단을 먼저 하게 됩니다.
그리고 체감상 90% 이상이 살
빼기에 실패해요. 왜 그럴까요?
'살 빼기'를 시작하려는 시점에
우리의 자존감은 낮아져 있고,
우리의 의지력은 그다지 높지 않다는
것을 인지해야 합니다.
식단이란 아무리 좋게 포장해도
맛없는 음식을 지금보다 조금 먹는
거예요. 당연히 우리 삶의 만족도는
떨어지죠.
자존감도 낮은 상태인데 삶의
만족도가 내려가면 남는 것은
짜증입니다. 여기서 식단을 계속
유지할 수 있는 것은 의지뿐이에요.
의지가 강한 사람은 존경할 만하지만
모두의 의지가 강하진 않습니다.
주변 환경상 의지를 계속 유지하기
어려운 경우도 많고요.
짜증이 차오르면 보상 심리가
생겨요. 그게 폭식이고 요요에요.
식욕억제제, 무슨 강의 프로그램에서
주장하는 절대 부작용 없는

다이어트법이 근본적인 성공 방법이 못 되는 이유도 여기에 있어요.
운동 역시 아무리 좋게 포장해도 거부감이 들죠. 시작점 자체는 식단과 비슷해요. 일단 하기 싫은 걸 시도합니다. 예를 들어 걷기라고 합시다.
추운 날 롱 패딩을 꺼입고 집 밖을 나섭니다. 살을 에는 추위에 집에 가고 싶은 마음이 듭니다. '아 짜증 나. 무슨 부귀영화를 누리겠다고…'
여기까지는 식단에서 겪는 경험과 비슷합니다.
일단 집 밖을 나왔으니 작심삼일 마인드로 동네 한 바퀴라도 걷기 시작합니다. 그러다 보면 풍경도 보이고, 나도 모르게 몸에 열이 조금 올라옵니다. 그렇다고 뭐가 특별히 좋지는 않습니다.
그러나 인지하지 못하는 상황에서 당신의 몸은 지금 운동하는 당신의 모습을 좋아해요.
몸도 따뜻해지고, 걸으면서 음악도 듣고, 이런저런 생각을 하다 보면 스트레스가 풀리거든요.
그렇게 운동을 하고 오면 나도 모르게 매일 먹던 야식도 덜 먹게 돼요.
야식을 먹는 이유가 스트레스를 풀기 위해서인데 조금 스트레스가 풀려 있거든요.
며칠은 인지하지 못합니다. 보통 인지의 순간은 오랜만에 체중계에 올라갔을 때예요. "어, 2kg가 빠졌네." 워낙 몸이 불어 있는 상태에서 야식만 조금 줄이고 운동만 조금 해도 붓기 정도는 빠집니다.
그렇게 처음으로 '좋은 경험'을 하게 되죠. 심플합니다. 해서 좋으니 또 하고 싶어져요. 한 번 더 걷고, 걷다 보면 좀 더 걷게 됩니다. 그러다 보면 땀도 좀 흘리고 "상쾌하네"라고 느끼는 순간이 와요.
식단부터 시작하지 말고 일단 움직여 보세요. 처음엔 걷기도 힘드니 좋아하는 음악이나 오디오북을 준비해도 좋아요. 동네를 탐험한다는 생각으로 구석구석 걸어보세요. 예쁜 카페에 가서 따뜻한 커피 한잔 마시는 것으로 스스로에게 보상을 줄 수도 있죠. 물론 테니스나 헬스, 필라테스 같은 운동이면 더더욱 좋고요.
그리고 좋아진 기분을 기록하세요. 그 좋아진 기분으로 다른 일을 해보세요.

숫자는
잊어요

인바디 말고
눈바디를 믿어요

엄마들에게 "운동을 왜 하세요"라고 물어보면 십중팔구는 다이어트, 좀 더 직설적으로는 "살을 빼고 싶어서"라고 답합니다. 그래서 자신이 원하는 목표 몸무게를 정하죠. 체지방률이나 근육량을 목표로 정하기도 합니다. 그리고 몸무게를 줄일 방법을 찾습니다. 보통 "섭취 칼로리보다 소모 칼로리가 높으면", 즉 먹은 것보다 많이 움직이면 살이 빠진다고들 하죠. 세상에는 자기가 얼마나 먹었는지, 운동으로 칼로리를 얼마나 소모했는지 기록해주는 앱도 많고요. 그래서 결심을 합니다. "오늘부터 적게 먹고 운동해서 반드시 살을 빼고야 말 테야." 결과는 다들 아시죠? 대부분 중간에 포기하고, 혹여 성공하는 경우에도 요요가 와서 도로아미타불이 되는 경우가 많아요. 보통은 이럴 때 자신의 의지를 탓 해요. 내가 의지가 부족해서 버티지 못했다고. 과연 그럴까요? 운동이란 본질적으로 힘든 거예요. 먹고 싶은 것을 참는 일도 마찬가지죠. 엄마의 피곤하고 힘든 삶에 스트레스를 더하는 거예요. 힘든 일을 지속하기란 어려운

것이죠. 실패하는 게 어쩌면
당연합니다.
"그래도 살을 빼야 하는 것
아니냐"라고 물어볼 수도 있을 것
같아요. 그러면 실제로 운동을 해서
건강하고 멋진 몸매를 갖게 된 분들의
말을 들어보면 되겠죠.
제가 만나본 운동맘 모두가
"몸무게는 신경 쓰지 말라"라고
말했어요. 신기한 건 몸무게가 더
적게 나갔을 때 입던 옷이, 운동 후
몸무게가 더 늘었을 때 입었는데도
헐렁하다는 겁니다.
근육은 지방보다 무거워요. 근육이
생기면 몸무게는 늘어나죠. 그 대신
더 탄력 있고 멋있어지고요.
몸무게는 아무것도 아닌 거지요.
숫자를 신경 쓰지 말아야 할 이유는
또 있어요. 체지방률이나 근육량을
잴 때 쓰는 '인바디'라는 것 자체가
정확하지 않기 때문이에요. 인바디는
전류를 몸에 흘려 수분과 지방의 양을
재는 방식으로 측정해요.
그런데 생각해보면 몸의 수분량은
항상 달라요. 그러므로 인바디
결과도 들쭉날쭉할 수밖에 없죠.
절대적 수치가 아니에요.
그냥 계속 재다 보면 전체적인

트렌드를 볼 수 있는 정도죠.
목표가 우리를 집중하게 하는 데
도움이 되긴 해요. 하지만 목표가
당신을 괴롭게 만들면 안 돼요.
숫자는 때로 우리를 얽매죠. 그 어떤
숫자도 당신을 평가하는 가치의
기준이 될 수 없어요.
목표가 필요하다고 해도 '숫자'는 좀
별로인 것 같아요. 좀 더 가슴 뛰는
목표를 잡아보면 어떨까요. "다시
비키니를 입을 만큼 멋진 나",
"아이들과 뛰어놀 정도로 건강한 나"
같은 것으로요. 그리고 '살을
뺀다'기보다는 '운동을 즐긴다'라는
관점으로 접근하는 거예요. 운동을
하다 보면 몸에 활력이 생기고,
자연스레 건강하게 먹는 것에도
관심을 갖게 돼요. 그러다 보면
몸매는 점점 좋아지고, 자신이
원하는 목표를 달성할 수 있어요.
숫자는 잊으세요. 운동을 즐기고 더
건강한 삶을 추구하세요. 그러다
보면 진짜 원하던 건강하고 멋진
몸매와 삶을 갖게 될 거예요.

> 그 어떤 숫자도 당신을 평가하는 가치의 기준이 될 수 없어요.

가짜 배고픔에 속지 않기

힘든 하루 끝에
날 기다리는 식욕

분명히 저녁을 먹었는데도 밤늦게 라면, 떡볶이 등이 당길 때가 있죠. 특히 엄마들에게서 이 현상이 많이 일어납니다.
결론부터 말하자면 이건 '가짜 배고픔'입니다. 속지 말아야 해요. 왜 유독 엄마들에게 이 가짜 배고픔 현상이 자주 일어날까요? 이유는 힘들었기 때문이에요. 힘든 하루를 마치고 비로소 나만의 시간이 생겼을 때 억눌러왔던 스트레스에 대한 보상 심리가 튀어나오는 것이죠. 그러니 가짜 배고픔을 느꼈다고, 라면 하나 끓여 먹었다고 스스로를 탓하진 마세요.
다만 지금 내가 느끼는 허기가 가짜 배고픔인지, 진짜 배고픔인지 정도는 알아야겠죠? 그러고 나면 "속고는 안 먹어" 혹은 "내가 한번 속아준다"라며 판단할 수 있어요. 구분법을 알려드릴게요.
먼저 식사 후 3시간 이내에 배가 고프면 가짜 배고픔이예요. 이때 참고 안 먹으면 살이 더 잘 빠집니다. 7시쯤 밥을 잘 먹었는데 9~10시에 배가 고프다면 가짜 배고픔입니다. 영양이 부족한 게 아니라 혈당이 부족한 것이죠. 식사 후 2시간 정도

지나면 소화가 되고, 혈당이 낮아지기 때문에 혈당을 높여줄 수 있는 음식이 당기는 것이죠.
물론 참기 힘들면 먹어도 됩니다. 그러나 이때 참으면 오히려 지방이 연소됩니다. 우리 몸은 혈당이 떨어졌는데 충전되지 않으면 지방을 연소시킵니다. 1시간 정도만 참으면 지방이 연소된다고 해요. 이 고비만 넘기면 체지방이 빠진다니, 좀 더 잘 참을 수 있겠죠?
물론 진짜 배고픔도 잘 구분해야 합니다. 진짜 배고픔은 보통 배고픈 느낌이 서서히 커지고, 배에서 꼬르륵 소리가 나며, 몸에 기운이 없을 때 나타나요. 이럴 때는 먹어야 해요.
두 번째, 딱 한 가지 음식만 당긴다. 그리고 자극적인 음식이 당긴다면? "뭐든 제발 좀 먹고 싶다"라고 하면 진짜 배고픔이고요. "매콤한 순대볶음이 당겨"라고 하면 가짜 배고픔입니다.
보통 가짜로 배고플 때 자극적인 음식이 당기는데요, 자극적인 음식을 통해 혈당이 급상승하고 인슐린 분비가 촉진되면 결국 '행복 호르몬'으로 불리는 세로토닌이 나오기 때문이에요. 물론 일시적이죠.
이런 과정이 반복돼요. 스트레스를 받는다 → 쇼파에 눕는다 → 휴대폰을 열고 먹방을 본다 → 거기에 나온 엄청 자극적인 음식을 주문한다. 내가 이렇게 하고 있다면 아마 가짜 배고픔을 경험하고 있을 가능성이 크겠죠?
그렇다면 가짜 배고픔을 어떻게 이겨내야 할까요?
우선 물이나 견과류로 허기를 달래주세요. 그랬을 때 배고픔이 가시면 그건 가짜 배고픔이라는 증거입니다. 단짠이 당기는데 물이나 견과류를 먹으면 배고픔은 가시겠지만 스트레스는 남아 있겠죠. 전문가들은 이때 운동을 하라고 합니다. 특히 격한 운동을 하라고 하는데요. "스트레스 받는데 무슨 운동이냐"라고 할 수도 있지만, 잠깐의 격한 운동이 엔도르핀을 돌게 해서 스트레스도 줄여주고 다이어트도 시켜준다고 해요.

참조 《하루 15분 엄마의 다이어트》, 김소형, 2020

잠이 중요한 이유

수면 부족인 당신을 위한 조언

우리는 모두 잠을 잡니다. 하지만 잠의 중요성을 명확히 인지하는 분은 많지 않아요. 특히 엄마들은 아이를 돌보다가 수면 시간이 뒤죽박죽되는 경우가 많죠.

잠을 잘 자는 것은 중요해요. 심지어 운동이나 식단보다 중요하다고 말할 수도 있어요. 수면의 질이 무너지면 에너지, 기분, 의사결정, 스트레스 조절 등 여러 부분에 영향을 끼치기 때문이죠.

하지만 많은 사람이 잠을 줄이려 해요. 적대시하죠. 많이 자면 게으르다고 생각하고요. 하지만 운동이나 영양과 마찬가지로 잠도 일정 시간 반드시 자야 해요.

수면은 가성비가 좋습니다. 잠만 잘 자도 삶의 질이 향상되니까요. 잠이란 자연적으로 반복해서 의식을 줄여주거나 아예 멈춘 상태를 말합니다. 자발적 근육 활동을 하지 않는 상태에요.

잠을 자는 동안 몸은 그저 모든 스위치를 꺼버리는 것이 아닙니다. 사실, 우리가 쉬는 동안 뇌는 우리 몸을 전반적으로 정비해요. 그 과정에서 건강해지고, 회복됩니다. 그럼 잠은 구체적으로 어떤 일을

할까요?

일단 회복입니다. 잠을 자는 동안 대사 중 발생한 불순물이 가장 빨리 처리돼요. 깨어 있는 동안에는 영양소·스트레스·각종 독성 물질 등에 노출되고, 이는 우리의 해독 시스템에 부담을 줍니다. 결과적으로 노화를 유발해요. 또한 깨어 있을 때는 대사가 활발하기 때문에 활성산소도 많이 생성돼요. 결국 더 많은 손상 세포가 몸 안에 남아 있게 되죠(활성 산소는 대사 과정에서 발생하며, 세포를 손상시키는 산성을 지니고 있습니다).

잠을 자는 동안에는 대사가 느려지고 활성산소도 줄어들기 때문에 회복이 가능한 것이죠.

또한 자는 동안에는 더 많은 단백동화 호르몬이 나와요. 대표적인 예로는 성장호르몬이 있죠. 이 같은 단백동화 호르몬은 회복을 더욱 빠르게 해줍니다.

요약하면, 적절한 수면은 우리의 노화를 막아주고 몸을 회복시켜 줍니다.

잠은 기억력에도 중요한 영향을 미쳐요. 수면 장애는 기억력을 떨어뜨리고, 기억력이 안 좋아지면 높은 수준의 인지 능력을 필요로 하는 일들은 방해를 받게 됩니다.

요즘 잠은 '공공의 적'이 되는 분위기예요. 엄마들은 가족을 다 챙기고 자는 게 미덕처럼 여겨지기도 하죠. 실제로 현대인의 수면 시간은 역대급으로 짧다고 합니다. 잠이 부족하면 그 자체로 수면 장애로 이어질 수 있어요.

잠은 잘 만큼 자야 합니다. 성인의 경우 7.5~9시간 정도를 자야 해요. 청소년이나 어린이는 그보다 더 자야 하고요.

물론 사람마다 사정이 달라서 "딱 몇 시간 자야 한다"라고 단정하긴 어렵습니다. 다만 몸의 에너지가 없는 것 같고 오늘따라 기억력이 안 좋은 것 같다면 잠이 부족하다는 신호일 수 있어요. 몸의 신호를 무시하지 말고 최대한 수면 시간을 확보하세요!

100 DAYS CHALLENGE

걷기, 달리기, 자전거, 테니스, 요가 등 어떤 운동이든
괜찮아요. 매일 조금씩이라도 몸을 움직이면
내 안에 새로운 에너지가 차오르는 기분을 느낄 수
있어요. 운동을 꾸준히 기록하는 것만으로
새로운 나를 만나는 놀라운 경험을 하게 될 거예요.

✅ CHECKLIST

운동 일기를 쓰면 이런 게 좋아요!

☐ 매일 꾸준히 내 몸을 체크할 수 있어요

☐ 나를 건강하게 사랑하는 법을 배워요

☐ 일상에 에너지를 채워요

☐ 몸과 마음을 균형 있게 만드는 법을 배워요

☐ 작은 성공의 경험들을 통해 성취감을 얻을 수 있어요

☐ 나에게 온전히 집중하는 시간이 생겨요

☐ 내 삶을 좀 더 좋은 방향으로 바꿔나갈 수 있어요

☐ 기록하는 즐거움을 느낄 수 있어요

1WEEK / DAY 1

월   일

오늘 목표

오늘 식단

| 아침 | 점심 | 저녁 | 간식 |

오늘 운동량

운동 후 느낀 점

운동 후 기분

다음 운동 목표

1WEEK / DAY 2

월   일

오늘 목표

오늘 식단

| 아침 | 점심 | 저녁 | 간식 |

오늘 운동량

운동 후 느낀점

운동 후 기분

다음 운동 목표

1WEEK / DAY 3

월   일

오늘 목표

오늘 식단

| 아침 | 점심 | 저녁 | 간식 |

오늘 운동량   운동 후 느낀 점

운동 후 기분

다음 운동 목표

1WEEK / DAY 4

월   일

오늘 목표

오늘 식단

| 아침 | 점심 | 저녁 | 간식 |

오늘 운동량

운동 후 느낀 점

운동 후 기분

다음 운동 목표

1WEEK / DAY 5

월　　일

오늘 목표

오늘 식단

| 아침 | 점심 | 저녁 | 간식 |

오늘 운동량

운동 후 느낀 점

운동 후 기분

다음 운동 목표

1WEEK / DAY 6

월   일

오늘 목표

오늘 식단

| 아침 | 점심 | 저녁 | 간식 |

오늘 운동량

운동 후 느낀 점

운동 후 기분

다음 운동 목표

1WEEK / DAY 7

월   일

오늘 목표

오늘 식단

| 아침 | 점심 | 저녁 | 간식 |

오늘 운동량

운동 후 느낀 점

운동 후 기분

다음 운동 목표

> Knowhow **뱃살, 팔 살만 빼는 비결은?**

□ 그런 방법은 없습니다
□ 꾸준히 유산소운동, 근력 운동 병행

이미 답을 알고 계시죠? 복근 운동을 한다고 뱃살만 빠지지 않고, 팔 운동을 한다고 팔 살만 빠지지 않습니다. 해당 부위에 근육이 생겨서 좀 더 탄탄해 보일 수는 있겠으나, 이는 해당 부위의 지방을 제거하는 것과는 다른 얘기입니다. 만약 복근 운동을 했는데 배가 날씬해졌다면 복근 운동을 통해 칼로리를 소모해서 온몸의 지방이 빠진 겁니다. 혹은 근육이 생기고 도드라지면서 뱃살이 빠진 것 같은 착각이 들 수도 있고요.

뒤 목살, 다리살, 뱃살 등만 빼는 방법에 대한 질문이 종종 올라오는데요, 아쉽지만 그런 방법은 없습니다. 더불어 "나는 타고난 하체 비만이라, 하체가 두꺼워질 수도 있으니 하체 운동은 안 해"라는 말도 잘못된 생각입니다. 유명 헬스 트레이너가 남긴 말이 있죠. "그렇게 금방 다리가 두꺼워질 정도로 근육이 빨리 커진다면 그 DNA를 팔아서 부자가 되면 된다"라고요.

근육운동으로 특정 부위의 두께를 두껍게 하는 것은 정말 어려운 일입니다. 우리가 '정말 날씬하다'라고 생각하는 여성 헬스 트레이너 중에는 100kg 이상의 스쿼트를 드는 경우도 많습니다. 그렇게 들어도 다리는 쉽게 두꺼워지지 않아요.

다만 뱃살의 경우 성격에 따라 빼는 방법이 다를 수 있습니다. 보통 남성은 내장지방형, 여성은 피하지방형인 경우가 많아요. 누워 있을 때 배가 볼록하게 튀어나오면 내장지방형이고 살이 처지면 피하지방형으로 볼 수 있어요.

▶ **내장지방형**
상대적으로 빼기 쉬워요. 폭식과 과식, 술만 줄여도 내장지방은 어느 정도 빠져요. 평소 과식과 폭식하는 습관만 바꿔도 배가 들어가는 게 눈에 보일 거예요.

▶ **피하지방형**
여성은 대부분 여기에 해당할 거예요. 이건 빼기 힘들어요. 보통 축적된 탄수화물이 배에 지방으로 저장된 사례거든요. 꾸준한 유산소운동과 근력 운동을 병행하는 수밖에 없어요.

2WEEKS / DAY 1

월   일

오늘 목표

오늘 식단

| 아침 | 점심 | 저녁 | 간식 |

오늘 운동량

운동 후 느낀 점

운동 후 기분

다음 운동 목표

2WEEKS / DAY 2

월   일

오늘 목표

오늘 식단

| 아침 | 점심 | 저녁 | 간식 |

오늘 운동량

운동 후 느낀점

운동 후 기분

다음 운동 목표

2WEEKS / DAY 3

월   일

오늘 목표

오늘 식단

| 아침 | 점심 | 저녁 | 간식 |

오늘 운동량

운동 후 느낀점

운동 후 기분

다음 운동 목표

2WEEKS / DAY 4

월   일

오늘 목표

오늘 식단

| 아침 | 점심 | 저녁 | 간식 |

오늘 운동량

운동 후 느낀 점

운동 후 기분

다음 운동 목표

2WEEKS / DAY 5

월   일

오늘 목표

오늘 식단

| 아침 | 점심 | 저녁 | 간식 |

오늘 운동량

운동 후 느낀점

운동 후 기분

다음 운동 목표

2WEEKS / DAY 6

월   일

오늘 목표

오늘 식단

| 아침 | 점심 | 저녁 | 간식 |

오늘 운동량

운동 후 느낀 점

운동 후 기분

다음 운동 목표

2WEEKS / DAY 7

월   일

오늘 목표

오늘 식단

| 아침 | 점심 | 저녁 | 간식 |

오늘 운동량

운동 후 느낀점

운동 후 기분

다음 운동 목표

Knowhow 운동 전후, 식사는 어떻게 할까?

☐ 운동 2~3시간 전에 식사 완료
☐ 운동 중엔 이온 음료, 물만 섭취

'운동하기 전이니까 밥을 든든히 먹고 가야지.'
이런 생각으로 운동 전에 한 끼 꼭 챙겨 드시고 가는 분들 있을까요? 운동 전, 중, 후, 어떻게 먹으면 좋은지 소개할게요.

① 운동 전
우리 몸은 소화작용과 운동을 동시에 할 수 없어요. 그래서 식사 직후에 운동을 하면 소화도 잘 안 되고 운동 효과도 떨어져요. 밥 먹고 운동을 좀 세게 하면 헛구역질이 올라오는 경험, 한 번쯤 있을 거예요. 보통 식사 후 2~3시간 후에 운동하는 게 좋아요. 위를 지나 소장으로 음식물이 내려간 다음에요. 2~3시간도 절대적 시간은 아니에요. 보통 탄수화물은 1시간이면 소화가 되고요. 지방이 가장 소화가 안 돼요.

② 운동 중
위와 같은 논리로, 운동 중에는 아예 안 먹는 게 정답이에요. 다만 수분과 전해질이 빠지면 운동 능력에 손상이 옵니다. 전해질이란 물에 녹아 이온 형태로써 전류를 흐르게 하는 물질이에요. 땀을 많이 흘리면 수분과 전해질이 동시에 빠지므로 수분과 전해질을 한꺼번에 보충하려면 이온 음료를 조금씩 마시는 게 좋습니다.
다만 수분과 전해질이 심각하게 많이 빠지도록 운동을 하는 사람은 많지 않기 때문에 물만 마셔도 충분해요.

③ 운동 후
운동 후에 배가 고프다면 가능한 한 빨리 식사를 하는 게 좋아요. 배가 고프다는 건 이미 몸이 '운동 모드'에서 '소화 모드'로 변했다는 뜻이거든요.
살 뺀다고 적게 먹으면 오히려 건강을 해쳐요. 특히 '근육은 단백질로 만들어진다고 했지?'라는 생각에 단백질만 섭취하면 안 돼요. 운동 후 에너지를 보충하고 근육 합성을 원활하게 하기 위해서는 탄수화물을 같이 드세요.

3WEEKS / DAY 1

월   일

오늘 목표

오늘 식단

| 아침 | 점심 | 저녁 | 간식 |

오늘 운동량

운동 후 느낀점

운동 후 기분

다음 운동 목표

3WEEKS / DAY 2

월   일

오늘 목표

오늘 식단

| 아침 | 점심 | 저녁 | 간식 |

오늘 운동량

운동 후 느낀 점

운동 후 기분

다음 운동 목표

3WEEKS / DAY 3

월   일

오늘 목표

오늘 식단

| 아침 | 점심 | 저녁 | 간식 |

오늘 운동량

운동 후 느낀 점

운동 후 기분

다음 운동 목표

3WEEKS / DAY 4

월   일

오늘 목표

오늘 식단

| 아침 | 점심 | 저녁 | 간식 |

오늘 운동량

운동 후 느낀 점

운동 후 기분

다음 운동 목표

3WEEKS / DAY 5

월   일

오늘 목표

오늘 식단

| 아침 | 점심 | 저녁 | 간식 |

오늘 운동량

운동 후 느낀 점

운동 후 기분

다음 운동 목표

3WEEKS / DAY 6

월   일

오늘 목표

오늘 식단

| 아침 | 점심 | 저녁 | 간식 |

오늘 운동량

운동 후 느낀점

운동 후 기분

다음 운동 목표

3WEEKS / DAY 7

월   일

오늘 목표

오늘 식단

| 아침 | 점심 | 저녁 | 간식 |

오늘 운동량

운동 후 느낀 점

운동 후 기분

다음 운동 목표

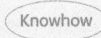 **애플힙 만드는 꿀팁**

☐ 맨몸 운동으로는 안 돼요
☐ 버틸 때는 천천히, 올릴 때는 빠르게

① 애플힙, 맨몸 운동으로는 매우 어렵습니다
엉덩이는 크고 강한 근육입니다. 우리 몸을 지탱해주기 때문에 평소에도 많이 쓰이죠. 즉 몸무게 정도의 적당한 자극으로는 근육이 커지지 않습니다.
엉덩이뿐 아니라 허벅지, 등, 가슴 등 큰 근육은 무거운 무게를 들면서 자극을 줘야 합니다. 물론 맨몸 운동으로도 멋진 몸매를 만든 분들의 사례가 유튜브 등에 있기는 하죠. 그런 분은 운동신경도 매우 좋아서 엉덩이에 자극점을 제대로 줄 뿐 아니라 엄청난 양의 운동을 한 겁니다. 그럼 무거운 건 어떻게 들어야 할까요?

② 버틸 때는 천천히, 올릴 때는 빠르게
보통 우리는 들어 올리는 것만 운동이라고 생각해요. 스쿼트를 위해 앉았다가 힘차게 일어나기, 팔로 무거운 것을 들어 올리기. 하지만 스쿼트에서는 내려갈 때가 오히려 근육 사이즈를 키우는 데 도움이 돼요. 모든 운동은 '버틸 때' 더 근육에 자극이 많이 갑니다.
대표적인 힙 운동이 힙 스러스트라고 한다면 엉덩이를 모아서 들어 올리는 것만 운동이 아니에요. 버티면서 내려가는 것도 운동이죠. 버틸 때는 천천히, 올릴 때는 빠르게 하는 게 근육 성장에 도움이 되죠. 집에서 힙 스러스트를 하신다면 내려갈 때 '하나, 둘, 셋, 넷', 내려간 지점에서 '하나, 둘', 올릴 때 '합!' 하고 올리는 정도의 템포가 좋습니다.

③ 사이즈를 키우고 싶다면 세트 간 휴식을 길게
쉬지 않고 계속 운동하는 분들이 있어요. 그건 체력을 향상시키거나 칼로리를 많이 소모하는 데는 좋지만, 근육을 키우는 데는 좋지 않아요. 한 번 운동하고 충분히 쉬어야 무거운 무게를 들 수 있거든요.
힙 사이즈를 키우는 게 목적이라면 한 세트 하고 1분 정도 쉬어보세요. 그러면 전체 힘의 80~90%가 회복이 될 거예요. 그다음 조금 더 무거운 걸 드세요. 그렇게 계속 무겁게 들어야 사이즈가 커져요. 30초 미만으로 쉬면 에너지의 50% 정도밖에 회복이 안 돼서 더 무거운 걸 들기가 어렵습니다.

4WEEKS / DAY 1

월   일

오늘 목표

오늘 식단

| 아침 | 점심 | 저녁 | 간식 |

오늘 운동량

운동 후 느낀 점

운동 후 기분

다음 운동 목표

4WEEKS / DAY 2

월   일

오늘 목표

오늘 식단

| 아침 | 점심 | 저녁 | 간식 |

오늘 운동량

운동 후 느낀점

운동 후 기분

다음 운동 목표

4WEEKS / DAY 3

월   일

오늘 목표

오늘 식단

| 아침 | 점심 | 저녁 | 간식 |

오늘 운동량

운동 후 느낀 점

운동 후 기분

다음 운동 목표

4WEEKS / DAY 4

월   일

오늘 목표

오늘 식단

| 아침 | 점심 | 저녁 | 간식 |

오늘 운동량

운동 후 느낀 점

운동 후 기분

다음 운동 목표

4WEEKS / DAY 5

월   일

오늘 목표

오늘 식단

| 아침 | 점심 | 저녁 | 간식 |

오늘 운동량

운동 후 느낀점

운동 후 기분

다음 운동 목표

4WEEKS / DAY 6

월   일

오늘 목표

오늘 식단

| 아침 | 점심 | 저녁 | 간식 |

오늘 운동량

운동 후 느낀점

운동 후 기분

다음 운동 목표

4WEEKS / DAY 7

월   일

오늘 목표

오늘 식단

| 아침 | 점심 | 저녁 | 간식 |

오늘 운동량

운동 후 느낀 점

운동 후 기분

다음 운동 목표

> **Knowhow** 살 잘 빠지는 유산소운동 Top 5

☐ 시간을 아껴주는 운동 팁
☐ 도구 없이 손쉽게 해요

무슨 운동을 해야 살이 잘 빠질까요? 물론 헬스장에 있는 스피닝이나 천국의 계단 같은 고급 유산소 기구가 있으면 좋겠지만, 우리 모두가 헬스장을 다니는 건 아니니까요. 도구 없이 쉽게 할 수 있는 운동 중에서 살이 가장 빨리 빠지는 유산소운동 Top 5를 간단히 정리해봤어요. 몸무게 55~60kg 여성이 소비하는 칼로리 기준이에요.
단, 보통 운동 앱에서 계산해주는 칼로리를 다 믿지 마세요. 운동별로 정확히 소비되는 칼로리는 몸무게, 운동 강도, 주변 환경 등에 영향을 많이 받거든요. 그냥 '대략 이 정도구나'라고 생각해주시면 좋아요.

1위: 달리기 1시간에 610kcal를 소모해요. 달리기는 1시간 연속으로도 할 수 있죠. 물론 달리기도 주법을 잘 배워야 합니다. 많은 사람이 달리기의 매력에 빠지는 데는 이유가 있겠죠?

2위: 줄넘기 1시간에 600kcal를 뺄 수 있어요. 짜장 라면에 달걀 하나 얹어 먹으면 이 정도죠. 그런데 줄넘기를 1시간 하면 힘든 건 둘째 치고 무릎이 남아나지 않겠죠? 만약 집에 로잉 머신이 있다면, 이것도 1시간에 600kcal를 태울 수 있습니다.

공동 3위: 계단 오르기, 자전거 1시간에 400kcal를 소모해요. 건면 라면 하나가 보통 이 정도 되죠. 건면 라면의 국물을 안 먹고도 그걸 빼려면 1시간을 계단을 올라야 해요. 아니면 자전거를 1시간 타는 거죠. 허벅지도 강화할 수 있는 좋은 운동이랍니다.

5위: 걷기 1시간에 대략 200kcal를 소모해요. 200kcal는 식빵 4개, 작은 도넛 1개 정도예요. 1시간 운동한 것치고는 별로 칼로리 소모가 크지 않죠? 물론 이것도 숨이 차오를 정도로 빠르게 걸었을 때 이 정도랍니다.

5WEEKS / DAY 1

월   일

오늘 목표

오늘 식단

| 아침 | 점심 | 저녁 | 간식 |

오늘 운동량

운동 후 느낀점

운동 후 기분

다음 운동 목표

5WEEKS / DAY 2

월   일

오늘 목표

오늘 식단

| 아침 | 점심 | 저녁 | 간식 |

오늘 운동량

운동 후 느낀 점

운동 후 기분

다음 운동 목표

5WEEKS / DAY 3

월   일

오늘 목표

오늘 식단

| 아침 | 점심 | 저녁 | 간식 |

오늘 운동량

운동 후 느낀점

운동 후 기분

다음 운동 목표

5WEEKS / DAY 4

월   일

오늘 목표

오늘 식단

| 아침 | 점심 | 저녁 | 간식 |

오늘 운동량

운동 후 느낀점

운동 후 기분

다음 운동 목표

5WEEKS / DAY 5

월   일

오늘 목표

오늘 식단

| 아침 | 점심 | 저녁 | 간식 |

오늘 운동량

운동 후 느낀 점

운동 후 기분

다음 운동 목표

5WEEKS / DAY 6

월   일

오늘 목표

오늘 식단

| 아침 | 점심 | 저녁 | 간식 |

오늘 운동량

운동 후 느낀 점

운동 후 기분

다음 운동 목표

5WEEKS / DAY 7

월   일

오늘 목표

오늘 식단

| 아침 | 점심 | 저녁 | 간식 |

오늘 운동량

운동 후 느낀 점

운동 후 기분

다음 운동 목표

> **Knowhow** 근육이 생겨야 살이 빠진다고?

□ 근육량과 대사량은 (일정 부분) 비례
□ 대사량=에너지를 소비하는 양

엄마들이 다이어트를 시작할 때 보통 '안 먹는 것' 또는 닭 가슴살이나 채소 같은 '맛없는 것'을 먹는 걸 떠올립니다. 그런데 헬스장에 가면 "일단 근육을 키워야 하고, 잘 먹을 것"을 주문합니다. 그러면서 '대사량'이라는 어려운 말을 씁니다. 나는 살 빼러 왔는데 잘 먹으라고 하고, 실제로 잘 먹고 열심히 운동했더니 몸무게가 늘어납니다. '이 코치가 사기 치는 것 아닌가' 라는 생각이 절로 들죠.

결론부터 말하면 코치의 말이 맞아요. 다만 엄마들의 눈높이에 맞게 잘 설명해주지 못했을 뿐이에요. 근육이 늘면 대사량이 늘어나요. 대사량이란 몸에서 쓰는 에너지예요. 에너지를 많이 쓰면 당연히 살이 빠지겠죠?

대사량은 둘로 나뉘어요. 기초대사량과 활동대사량인데요, 어려운 용어는 빼고 이것만 기억하세요. 가만 있을 때 쓰는 에너지, 움직일 때 쓰는 에너지. 그럼 근육은 어떤 역할을 할까요. 가만 있을 때나 움직일 때 더 많은 에너지를 쓰게 해줘요.

하루 종일 아무것도 하지 않을 때 근육은 1kg당 14kcal를 소비하지만, 지방은 4kcal만 소비해요. 같은 거리를 달려도 근육이 많은 사람은 적은 사람보다 더 많은 에너지를 쓰고요. 이제 이해하셨죠? 일단 초반에 몸무게가 늘더라도 근육량을 키워야 장기적으로 다이어트에 유리합니다. 다만 아래 두 가지는 참고로 기억해주세요!

① 근육이 대사량의 전부를 좌지우지하는 건 아닙니다. 근육이 대사량에 미치는 영향은 20% 정도로 알려져 있어요. 오히려 두뇌가 근육보다 대사량에 더 많은 영향을 미치죠.

② "운동 시작하고 처음엔 몸무게가 불어도 된대"라고 한다면 반만 맞는 말입니다. 운동을 처음 하는 분이 근육 때문에 몸무게가 불어날 정도로 운동을 하기란 쉽지 않습니다. 운동을 처음 했는데 몸무게가 불었다면, 실제로 그냥 몸무게가 불어났을 가능성이 높습니다.

6WEEKS / DAY 1

월   일

오늘 목표

오늘 식단

| 아침 | 점심 | 저녁 | 간식 |

오늘 운동량

운동 후 느낀점

운동 후 기분

다음 운동 목표

6WEEKS / DAY 2

월   일

오늘 목표

오늘 식단

| 아침 | 점심 | 저녁 | 간식 |

오늘 운동량

운동 후 느낀점

운동 후 기분

다음 운동 목표

6WEEKS / DAY 3

월   일

오늘 목표

오늘 식단

| 아침 | 점심 | 저녁 | 간식 |

오늘 운동량

운동 후 느낀 점

운동 후 기분

다음 운동 목표

6WEEKS / DAY 4

월   일

오늘 목표

오늘 식단

| 아침 | 점심 | 저녁 | 간식 |

오늘 운동량

운동 후 느낀 점

운동 후 기분

다음 운동 목표

6WEEKS / DAY 5

월   일

오늘 목표

오늘 식단

| 아침 | 점심 | 저녁 | 간식 |

오늘 운동량

운동 후 느낀점

운동 후 기분

다음 운동 목표

6WEEKS

월   일

오늘 목표

오늘 식단

| 아침 | 점심 | 저녁 | 간식 |

오늘 운동량

운동 후 느낀점

운동 후 기분

다음 운동 목표

6WEEKS / DAY 7

월   일

오늘 목표

오늘 식단

| 아침 | 점심 | 저녁 | 간식 |

오늘 운동량

운동 후 느낀 점

운동 후 기분

다음 운동 목표

Knowhow · **볼륨 있는 몸을 만들려면?**

☐ 감량하면서 근육량만 늘리는 방법은 없어요
☐ 운동만 하고 영양 섭취가 없으면 노동!

엄마들의 운동·식단 목적이 살을 빼는 것만은 아니에요. 근육을 키워서 몸매를 더욱 볼륨감 있게 만드는 데에도 관심이 높습니다. 많은 분들이 몸무게는 줄면서 힙이나 특정 부위가 커지기를 바라요. 하지만 그건 불가능해요. 근육이 크려면 고강도 운동과 적지 않은 에너지가 필요하기 때문에 근육을 키우려면 잘 먹어야 해요. 우리가 쓰는 에너지보다 먹는 에너지가 더 많아야 하죠. 영양학에서는 다음과 같은 공식을 세우고 있어요.

> 섭취하는 에너지 - 사용하는 에너지 = 350kcal 이상

그럼 뭘, 얼마나 먹어야 할까요?

▶ **단백질을 많이 드세요**
몸무게를 줄이면서 근육이 커지기는 어렵지만, 지방을 줄이면서 근육이 커지는 건 가능해요. 그래서 많은 분들이 운동을 처음 시작하면 "체중은 늘었는데 눈바디는 좋아졌다"라는 얘길 하는 거예요.
제대로 근육을 키우려면 하루에 몸무게 1kg당 1.6g의 단백질을 먹어야 해요. 체중이 50kg인 여성이라면 단백질 80g을 먹어야 하는데요, 달걀흰자를 거의 20개를 먹어야 해요. 물론 쌀밥이나 우리가 먹는 대부분의 식품에 단백질이 어느 정도 포함돼 있어요. 하루 종일 달걀만 먹었을 때를 가정한 거지요.

▶ **탄수화물도 놓쳐서는 안 돼요**
탄수화물은 하루에 몸무게 1kg당 5g 정도는 먹어야 해요. 체중이 50kg인 여성이라면 탄수화물 250g을 먹어야 하는데, 쌀밥으로 네 공기 정도예요. 물론 채소, 과일에도 탄수화물은 들어 있어요. 250g은 그다지 많은 양이 아니에요. "탄수화물을 아예 안 먹는 게 낫지 않나"라고 할 수도 있지만, 운동을 하려면 빠르게 쓸 수 있는 에너지가 필요해요. 운동을 하고 또 근육을 합성하려면 탄수화물을 어느 정도는 섭취해야 합니다.

7WEEKS / DAY 1

월 . 일

오늘 목표

오늘 식단

| 아침 | 점심 | 저녁 | 간식 |

오늘 운동량

운동 후 느낀 점

운동 후 기분

다음 운동 목표

7WEEKS / DAY 2

월   일

오늘 목표

오늘 식단

| 아침 | 점심 | 저녁 | 간식 |

오늘 운동량

운동 후 느낀 점

운동 후 기분

다음 운동 목표

7WEEKS / DAY 3

월   일

오늘 목표

오늘 식단

| 아침 | 점심 | 저녁 | 간식 |

오늘 운동량

운동 후 느낀점

운동 후 기분

다음 운동 목표

7WEEKS / DAY 4

월   일

오늘 목표

오늘 식단

| 아침 | 점심 | 저녁 | 간식 |

오늘 운동량

운동 후 느낀 점

운동 후 기분

다음 운동 목표

7WEEKS / DAY 5

월   일

오늘 목표

오늘 식단

| 아침 | 점심 | 저녁 | 간식 |

오늘 운동량

운동 후 느낀 점

운동 후 기분

다음 운동 목표

7WEEKS / DAY 6

월   일

오늘 목표

오늘 식단

| 아침 | 점심 | 저녁 | 간식 |

오늘 운동량

운동 후 느낀점

운동 후 기분

다음 운동 목표

7WEEKS / DAY 7

월   일

오늘 목표

오늘 식단

| 아침 | 점심 | 저녁 | 간식 |

오늘 운동량

운동 후 느낀점

운동 후 기분

다음 운동 목표

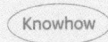 **헬스장에 처음 가서 스트레칭하는 법!**

☐ 운동 전후 다르게!
☐ 정적 스트레칭 vs. 동적 스트레칭

엄마들 중에는 운동에 익숙지 않은 분이 많아요. 그래서 처음 헬스장에 가면 어색합니다. 몸을 풀고 싶은데 어떻게 풀어야 할지 몰라 고민하다 결국 트레드 밀 위에서만 시간을 보내는 경우가 대부분이죠.

스트레칭에는 두 종류가 있어요. 어려운 말로 정적 스트레칭, 동적 스트레칭이라고 해요. 정적 스트레칭은 '쭉 늘려주는' 스트레칭이에요. 손을 땅에 대고 한참 동안 있는 모습을 상상하시면 돼요. 한 자세로 30초 정도 있으면 실제로 근육이 늘어나는 효과가 있어요. 동적 스트레칭은 말 그대로 '움직이면서 하는' 스트레칭이에요. 양팔을 뱅뱅 돌리는 모습을 상상하시면 돼요. 이건 해당 부위의 가동 범위, 즉 움직이는 범위를 늘려줘요. 자 그럼, 운동 전후엔 어떤 스트레칭을 해야 할까요?

 운동 전
쭉 늘려주는 스트레칭을 오래하면 본격적인 근육운동을 할 때 오히려 안 좋아요. 근육을 긴장시켜야 하는데, 너무 늘려놓으면 안 되겠죠?

운동 전이라면 쭉 늘려주는 스트레칭은 필요한 부위만 하세요. 예를 들어 거북목이라면 운동할 때 자세가 안 나오겠죠. 그럼 목 부분을 늘려주는 스트레칭으로 목을 풀어주세요. 그리고 움직이면서 하는 스트레칭을 병행해주세요. 목이나 어깨, 허리 등을 빙빙 돌리는 거죠. 그 부위가 충분히 유연해질 수 있도록요. 스트레칭은 4~6개 종목을 10분 정도 해주는 게 좋아요.

 **운동 후**
운동 후에는 쭉 늘려주는 스트레칭이 좋아요. 긴장된 근육을 쭉 늘려서 풀어주면 피로감을 주는 젖산의 형성을 효과적으로 줄여주죠. 스트레칭의 종류는 유튜브에 많이 나와 있으니 참고하세요. 단, 운동 전후에 쭉 늘려주는 행위와 빙빙 돌리는 행위 중 어떤 것을, 왜 해야 하는지만 기억하세요!

8WEEKS / DAY 1

월   일

오늘 목표

오늘 식단

| 아침 | 점심 | 저녁 | 간식 |

오늘 운동량

운동 후 느낀 점

운동 후 기분

다음 운동 목표

8WEEKS / DAY 2

월   일

오늘 목표

오늘 식단

| 아침 | 점심 | 저녁 | 간식 |

오늘 운동량

운동 후 느낀 점

운동 후 기분

다음 운동 목표

8WEEKS / DAY 3

월   일

오늘 목표

오늘 식단

| 아침 | 점심 | 저녁 | 간식 |

오늘 운동량

운동 후 느낀 점

운동 후 기분

다음 운동 목표

8WEEKS / DAY 4

월   일

오늘 목표

오늘 식단

| 아침 | 점심 | 저녁 | 간식 |

오늘 운동량

운동 후 느낀점

운동 후 기분

다음 운동 목표

8WEEKS / DAY 5

월   일

오늘 목표

오늘 식단

| 아침 | 점심 | 저녁 | 간식 |

오늘 운동량

운동 후 느낀 점

운동 후 기분

다음 운동 목표

8WEEKS / DAY 6

월   일

오늘 목표

오늘 식단

| 아침 | 점심 | 저녁 | 간식 |

오늘 운동량

운동 후 느낀점

운동 후 기분

다음 운동 목표

8WEEKS / DAY 7

월   일

오늘 목표

오늘 식단

| 아침 | 점심 | 저녁 | 간식 |

오늘 운동량

운동 후 느낀 점

운동 후 기분

다음 운동 목표

Knowhow 당 중독이 진짜 위험한 이유

☐ **인슐린이 제 기능을 못 하게 해요**
☐ **살찌는 체질로 바뀐다고?**

보통 남편들이 안주와 술로 살을 찌우는 반면 엄마들은 빵, 과자 등 탄수화물로 살을 찌웁니다. "당 떨어진다"라는 말을 자주 하고, 당을 먹으면서 기분 전환을 해요. 특히 우울하거나 스트레스 받을 때 당을 많이 찾죠. 산후에 많이들 겪었을 거예요. 육퇴(육아 퇴근) 후 달달한 빵과 맥주 한 잔은 하루의 피로를 풀어줍니다.

그런데 당을 먹으면 왜 살이 찔까요? 많이 먹으면 살이 찌는 건 당연합니다. 하지만 '당 중독'은 단순히 살이 찌는 문제가 아니에요. '살이 찌는 체질'로 바뀌는 게 더 큰 문제죠.

① 단 걸 먹으면 기분이 좋아져요

단 음식을 먹으면 심리적 안정감을 돕는 세로토닌과 기분을 들뜨게 만드는 도파민이 분비돼요. 스트레스가 해소되죠. 그래서 자꾸 찾게 돼요. 기분이 좋아지면 좋은 것 아니냐고요? 아뇨. 문제는 여기서부터 시작됩니다.

② 인슐린이 망가져요

인슐린은 호르몬의 이름이에요. 섭취한 영양소를 포도당(우리가 사용하는 에너지)으로 바꿔주고, 남은 건 지방으로 저장하는 역할을 해요.

밀가루 빵 같은 정제 탄수화물로 만든 걸 많이 먹으면 혈당이 빠르게 올라가요. 혈당이란 말 그대로 피 속의 당분이죠. 혈당을 내리기 위해 인슐린이 분비되면 혈당이 급히 내려가요. 혈당이 급히 내려가면 우리 몸은 스트레스를 받고, 그러면 또 단것이 당겨요. 이렇게 여러 번 반복하면 인슐린이 헷갈려 해요. '자꾸 나를 부르네'라고 생각해 수시로 많이 나오게 되죠. 인슐린이 필요 이상 분비되면 섭취한 영양소를 포도당으로 바꾸지 않고 자꾸 지방으로 저장해요.

결국 인슐린이 제 기능을 못 하면 같은 양을 먹어도 지방이 많이 붙어서 점점 살이 찌는 체질이 되는 거예요. 아울러 인슐린이 과다 분비되면 배부름을 느끼게 하는 호르몬도 제 역할을 못 해요. 실제로는 많이 먹었는데도 배가 부르다고 느끼지 못하는 거죠.

9WEEKS / DAY 1

월   일

오늘 목표

오늘 식단

| 아침 | 점심 | 저녁 | 간식 |

오늘 운동량

운동 후 느낀점

운동 후 기분 _____

다음 운동 목표 _____

9WEEKS / DAY 2

월   일

오늘 목표

오늘 식단

| 아침 | 점심 | 저녁 | 간식 |

오늘 운동량

운동 후 느낀 점

운동 후 기분

다음 운동 목표

9WEEKS / DAY 3

월   일

오늘 목표

오늘 식단

| 아침 | 점심 | 저녁 | 간식 |

오늘 운동량

운동 후 느낀 점

운동 후 기분

다음 운동 목표

9WEEKS / DAY 4

월   일

오늘 목표

오늘 식단

| 아침 | 점심 | 저녁 | 간식 |

오늘 운동량

운동 후 느낀 점

운동 후 기분

다음 운동 목표

9WEEKS / DAY 5

월   일

오늘 목표

오늘 식단

| 아침 | 점심 | 저녁 | 간식 |

오늘 운동량

운동 후 느낀 점

운동 후 기분

다음 운동 목표

9WEEKS / DAY 6

월   일

오늘 목표

오늘 식단

| 아침 | 점심 | 저녁 | 간식 |

오늘 운동량

운동 후 느낀 점

운동 후 기분

다음 운동 목표

9WEEKS / DAY 7

월   일

오늘 목표

오늘 식단

| 아침 | 점심 | 저녁 | 간식 |

오늘 운동량

운동 후 느낀 점

운동 후 기분

다음 운동 목표

> **Knowhow** 단백질 셰이크 고르는 요령

☐ 우유로 만든 것 vs. 콩으로 만든 것
☐ 유당이 있는 것 vs. 유당이 제거된 것

헬스를 열심히 하는 운동맘들은 단백질 셰이크를 먹죠. 예전에는 우락부락한 아저씨들만 먹는 이미지였다면 요즘은 건강한 식사 대용식으로 인식하는 듯합니다. 편의점에서도 팔고요. 근육을 만들기 위해 적절한 단백질 공급은 꼭 필요해요. 그런데 운동하면 단백질 셰이크를 꼭 먹어야 할까요?
그렇지 않습니다. 근력 운동을 할 때 근육이 건강하게 성장하려면 우리는 몸무게 X 1~1.2g 정도의 단백질을 섭취하는 것이 좋아요. 체중이 60kg이라면 60g 정도를 먹으면 되는데요, 이건 음식의 양이 아니라 음식 내 단백질의 양을 의미합니다. 예컨대 소고기 100g에는 단백질이 대략 20g 정도 들어가 있어요. 쉽게 말해 끼니마다 고기나 생선 반찬이 있고 잘 챙겨 먹으면 단백질 셰이크를 굳이 챙겨 먹지 않아도 됩니다.

"종류가 너무 많은데 뭘 먹어야 해?"
▶ **우유로 만든 것 vs. 콩으로 만든 것**
우유로 만든 걸 흔히 '유청 단백질'이라고 부릅니다. 콩으로 만든 건 '대두 단백질'이라고 불러요. 유청 단백질이 대두 단백질보다 흡수가 잘 돼요. 하지만 유청에는 지방이 조금 있어서 지방이 적은 식물성 단백질을 선호하는 분은 대두 단백질을 찾습니다. 유청 단백질은 다양한 맛을 첨가해 맛있는 게 많지만, 대두 단백은 맛이 없는 경우가 많아요.

▶ **유청 단백질의 종류**
유청 단백질은 우유로 만듭니다. 그런데 우유를 못 드시는 분도 계시죠. 우유를 마시면 속이 불편한 걸 '유당불내증'이라고 불러요. 유청 단백질을 먹어도 똑같은 현상이 일어나요. 만약 유당불내증이 있다면 다음 내용을 기억하세요.

- WPC(농축 유청 단백질) 가격은 합리적이지만 유당이 포함돼 있어요.
- WPI(분리 유청 단백질) 유당을 제거하는 과정을 거친 단백질로, WPC보다 조금 더 싸요.
- WPH(가수분해 유청 단백질) WPI보다 흡수가 더 빠른 단백질로 가격이 가장 싸요.

10WEEKS / DAY 1

월   일

오늘 목표

오늘 식단

| 아침 | 점심 | 저녁 | 간식 |

오늘 운동량

운동 후 느낀 점

운동 후 기분

다음 운동 목표

10WEEKS / DAY 2

월   일

오늘 목표

오늘 식단

| 아침 | 점심 | 저녁 | 간식 |

오늘 운동량

운동 후 느낀점

운동 후 기분

다음 운동 목표

10WEEKS / DAY 3

월   일

오늘 목표

오늘 식단

| 아침 | 점심 | 저녁 | 간식 |

오늘 운동량

운동 후 느낀 점

운동 후 기분

다음 운동 목표

10WEEKS / DAY 4

월   일

오늘 목표

오늘 식단

| 아침 | 점심 | 저녁 | 간식 |

오늘 운동량

운동 후 느낀점

운동 후 기분

다음 운동 목표

10WEEKS / DAY 5

월   일

오늘 목표

오늘 식단

| 아침 | 점심 | 저녁 | 간식 |

오늘 운동량

운동 후 느낀 점

운동 후 기분

다음 운동 목표

10WEEKS / DAY 6

월   일

오늘 목표

오늘 식단

| 아침 | 점심 | 저녁 | 간식 |

오늘 운동량

운동 후 느낀점

운동 후 기분

다음 운동 목표

10WEEKS / DAY 7

월   일

오늘 목표

오늘 식단

| 아침 | 점심 | 저녁 | 간식 |

오늘 운동량

운동 후 느낀점

운동 후 기분

다음 운동 목표

(Knowhow) 비싼 비타민은 효과도 좋을까?

□ 비타민은 꼭 필요해요
□ 종류에 따라 과잉 섭취는 독!

우리 몸이 정상적으로 작동하려면 약 13종의 비타민이 필요해요. 비타민은 몸에서 알아서 합성되지 않으므로 반드시 섭취해야 합니다.

① 왜 필요한데?
비타민 종류마다 필요한 이유가 다 달라요. 대표적으로 비타민 C는 활성산소를 줄여줘요. 활성산소는 쉽게 말해 우리 몸을 녹슬게 하는 불완전한 산소예요.
자세히 설명하면 우리가 마시는 산소는 대부분 에너지를 만드는 데 쓰여요. 남은 일부가 활성산소가 되는데, 활성산소는 세포나 DNA에 붙어서 녹슬게 해요(실제로 녹이 슨다는 것은 아니고 비유하자면 그렇다는 것입니다). 이런 활성산소를 처리하는 과정에서 비타민 C가 필요해요.
아울러 비타민 C는 체지방 산화 속도를 빠르게 해주기도 해요. 비타민 C를 섭취하며 운동한 그룹이 그렇지 않은 그룹보다 다이어트 효과가 크다는 연구 결과도 있습니다.

② 언제, 얼마나 먹어야 하는데?
비타민 C가 결핍이 되는 경우는 거의 없습니다. 권장 섭취량은 1일 100mg인데요, 보통 우리가 많이 먹는 비타민 C제가 1000mg이니 10배인 셈이죠. 비타민 C는 과일, 채소에 많이 들어 있어 어지간한 식사를 하는 분은 정상적으로 섭취하게 돼요.
요즘은 '비타민 오버 도즈', 즉 비타민을 과하게 많이 먹는 게 건강에 이롭다는 얘기도 있어요. 비타민은 산성이어서 빈속에 먹기보다는 식후에 섭취하는 것이 좋습니다.
평소 식사를 골고루 챙겨 먹는 편이라면 굳이 안 먹어도 되고, 너무 바빠서 자주 가볍게 때운다면 종합비타민 정도는 챙겨 드세요.

* 비타민 A·D·E·K = 지용성(기름에 녹는) / 매일 먹지 않아도 됨 / 과하면 독(간에 악영향)
* 비타민 B·C = 수용성(물에 녹는) / 매일 먹어야 함 / 과섭취 시 소변으로 배출

11WEEKS / DAY 1

월   일

오늘 목표

오늘 식단

| 아침 | 점심 | 저녁 | 간식 |

오늘 운동량

운동 후 느낀점

운동 후 기분

다음 운동 목표

11WEEKS / DAY 2

월   일

오늘 목표

오늘 식단

| 아침 | 점심 | 저녁 | 간식 |

오늘 운동량

운동 후 느낀 점

운동 후 기분

다음 운동 목표

11WEEKS / DAY 3

월   일

오늘 목표

오늘 식단

아침	점심	저녁	간식

오늘 운동량

운동 후 느낀 점

운동 후 기분

다음 운동 목표

11WEEKS / DAY 4

월   일

오늘 목표

오늘 식단

| 아침 | 점심 | 저녁 | 간식 |

오늘 운동량

운동 후 느낀 점

운동 후 기분

다음 운동 목표

11WEEKS / DAY 5

월   일

오늘 목표

오늘 식단

| 아침 | 점심 | 저녁 | 간식 |

오늘 운동량

운동 후 느낀 점

운동 후 기분

다음 운동 목표

11WEEKS / DAY 6

월   일

오늘 목표

오늘 식단

| 아침 | 점심 | 저녁 | 간식 |

오늘 운동량

운동 후 느낀 점

운동 후 기분

다음 운동 목표

11WEEKS / DAY 7

월   일

오늘 목표

오늘 식단

| 아침 | 점심 | 저녁 | 간식 |

오늘 운동량

운동 후 느낀 점

운동 후 기분

다음 운동 목표

Knowhow 삼겹살은 죄가 없어요

□ 지방은 에너지 저장소
□ 포화 지방도 필요해요

그냥 먹어도 맛있고, 쌈 싸 먹으면 더 맛있는 삼겹살. 하지만 엄마들이 다이어트나 건강관리를 시작하면 가장 먼저 끊어버리는 음식이조. 두꺼운 돼지의 지방이 나의 지방이 될 것 같은 느낌. 실제로 삼겹살은 다이어트의 적일까요?

① 지방은 나쁜 것?
일단 지방에 대한 선입견을 버려야 해요. 지방은 우리 몸에 꼭 필요해요. 지방은 에너지 저장소예요. 탄수화물이 금방 쓰고 없어지는 에너지라면, 지방은 든든한 창고인 셈이조. 지방은 외부의 충격으로부터 모세혈관이나 신경을 보호해주고, 체온도 지켜주조. 극단적으로 다이어트를 해서 체지방량을 낮추면 자주 감기에 걸리는 이유도 여기에 있고요.

② 체지방률은 낮으면 낮을수록 좋다?
당연히 아닙니다. 지방이 적으면 우리 몸은 지방을 보완하기 위해 식욕을 촉진해요. 적절한 체지방률은 필요합니다. "난 지방이 많은데도 매일 배고프던데?" 그건 과도한 지방으로 식욕을 조절하는 호르몬 분비가 왜곡돼서 그럴 가능성이 높아요.

③ 지방을 먹으면 지방이 된다?
지방을 먹으면 지방이 되긴 해요. 삼겹살을 많이 먹으면 우리 몸에 지방이 쌓이겠조. 하지만 쌀밥만 먹어도 지방은 쌓여요. 우리 몸은 남는 에너지를 지방으로 바꿔서 저장해요. 뭐든 많이 먹는 게 문제지, 지방 자체가 문제는 아니에요.

④ 좋은 지방, 나쁜 지방?
포화지방은 나쁘고 불포화지방은 좋다는 말도 잘못된 거예요. 둘 다 우리 몸에 필요하지만 과하면 안 좋아요. 대표적 불포화지방인 오메가3도 많이 먹으면 좋지 않습니다. 뭐든 과한 게 문제지 그 자체가 나쁜 건 아니에요.

12WEEKS / DAY 1

월   일

오늘 목표

오늘 식단

| 아침 | 점심 | 저녁 | 간식 |

오늘 운동량

운동 후 느낀점

운동 후 기분

다음 운동 목표

12WEEKS / DAY 2

월   일

오늘 목표

오늘 식단

| 아침 | 점심 | 저녁 | 간식 |

오늘 운동량

운동 후 느낀 점

운동 후 기분

다음 운동 목표

12WEEKS / DAY 3

월   일

오늘 목표

오늘 식단

| 아침 | 점심 | 저녁 | 간식 |

오늘 운동량

운동 후 느낀점

운동 후 기분

다음 운동 목표

12WEEKS / DAY 4

월   일

오늘 목표

오늘 식단

| 아침 | 점심 | 저녁 | 간식 |

오늘 운동량

운동 후 느낀 점

운동 후 기분

다음 운동 목표

12WEEKS / DAY 5

월   일

오늘 목표

오늘 식단

| 아침 | 점심 | 저녁 | 간식 |

오늘 운동량

운동 후 느낀 점

운동 후 기분

다음 운동 목표

12WEEKS / DAY 6

월   일

오늘 목표

오늘 식단

| 아침 | 점심 | 저녁 | 간식 |

오늘 운동량

운동 후 느낀 점

운동 후 기분

다음 운동 목표

12WEEKS / DAY 7

월   일

오늘 목표

오늘 식단

| 아침 | 점심 | 저녁 | 간식 |

오늘 운동량

운동 후 느낀 점

운동 후 기분

다음 운동 목표

> **Knowhow** 하루 물 2L 꼭 마셔야 할까?

☐ **기록하지 마세요**
☐ **목 마를 때 마셔요**

많은 운동 기록 앱이 하루에 물을 얼마나 마시는지를 체크하도록 유도합니다. 물을 많이 마셔야 다이어트에 도움이 된다는 말도 있고요. 하루 2L를 마시는 게 건강에 도움이 된다는 말도 있습니다.

그런데 하루 2L의 물을 마셔야 한다는 건 잘못된 얘기예요. 이 얘기는 무려 1945년에 미국에서 시행한 한 조사에 근간을 두고 있는데요, 이 조사에서 말한 것도 하루 음식 등을 포함해 섭취하는 수분 총량이 이만큼이라는 것이지, 물 2L를 꼭 마시라는 얘기는 아니었어요. 좀 더 자세히 설명드릴게요.

> 우리 몸에서 빠지는 수분: 하루 약 1850~2750ml (배설, 증발, 호흡 등)
> 우리가 물 빼고 다른 방법으로 섭취하는 수분: 하루 약 900~1300ml (음식 등)
> → 채워내야 하는 양 900~1650ml

그러면 900~1650ml를 계산해서 마셔야 할까요? 그 역시 아닙니다. 그냥 목마를 때마다 마시면 저만큼 마시게 됩니다. "한국은 염분 섭취가 많아 특히 물을 더 많이 마셔야 한다"라는 말도 틀렸습니다. 염분 섭취가 늘어나면 자연히 목이 마르므로 목 마를 때 마시면 됩니다. 간경화, 신부전증 등 질환을 지닌 분은 물을 많이 먹으면 오히려 합병증에 걸릴 수도 있어요.

어떤 분들은 "물 마셔서 살뺀다"라고 말하기도 해요. 우리 몸은 물을 갑자기 많이 마시면 그 수분량에 익숙해져요. 그만큼 많이 배출하고요. 그러다가 물을 갑자기 끊더라도 이전의 관성이 남아서 수분 배출을 계속 많이 해요. 그러면 몸의 수분이 빠져나가면서 몸무게가 줄죠.

이건 절대 해서는 안 되는 방법이에요. 간 등에 치명적 악영향을 미칩니다. 물은 그냥 목마를 때 드세요. 굳이 기록할 필요도 없어요.

13WEEKS / DAY 1

월   일

오늘 목표

오늘 식단

아침	점심	저녁	간식

오늘 운동량

운동 후 느낀 점

운동 후 기분

다음 운동 목표

13WEEKS / DAY 2

월   일

오늘 목표

오늘 식단

| 아침 | 점심 | 저녁 | 간식 |

오늘 운동량

운동 후 느낀 점

운동 후 기분

다음 운동 목표

13WEEKS / DAY 3

월   일

오늘 목표

오늘 식단

| 아침 | 점심 | 저녁 | 간식 |

오늘 운동량

운동 후 느낀 점

운동 후 기분

다음 운동 목표

13WEEKS / DAY 4

월   일

오늘 목표

오늘 식단

| 아침 | 점심 | 저녁 | 간식 |

오늘 운동량

운동 후 느낀 점

운동 후 기분

다음 운동 목표

13WEEKS / DAY 5

월   일

오늘 목표

오늘 식단

| 아침 | 점심 | 저녁 | 간식 |

오늘 운동량

운동 후 느낀점

운동 후 기분

다음 운동 목표

13WEEKS / DAY 6

월   일

오늘 목표

오늘 식단

| 아침 | 점심 | 저녁 | 간식 |

오늘 운동량

운동 후 느낀 점

운동 후 기분

다음 운동 목표

13WEEKS / DAY 7

월　　일

오늘 목표

오늘 식단

| 아침 | 점심 | 저녁 | 간식 |

오늘 운동량

운동 후 느낀 점

운동 후 기분

다음 운동 목표

> **Knowhow** 다이어트=닭 가슴살?

☐ 닭 가슴살만 고집하지 마세요
☐ 맛있는 걸 적게 먹는 게 나아요

마늘과 쑥을 100일간 먹어야 사람이 되듯, 닭 가슴살과 고구마를 100일 정도 먹어야 다이어트에 성공할 것 같습니다. 그런데 닭 가슴살이 왜 다이어트 식품으로 분류되는지 생각해본 적 있나요?

① 다이어트 식품의 대명사, 닭 가슴살
닭 가슴살을 다이어트 식품이라고 부르는 이유는 지방이 적어서예요. 하지만 지방을 먹으면 바로 몸에 지방이 쌓이는 것이 아니에요. 탄수화물, 단백질도 많이 먹으면 지방이 돼요. 물론 닭 가슴살도 많이 먹으면 지방이 됩니다. 동물성 지방을 지나치게 섭취하면 몸에 해로워요. 혈관 건강이 안 좋은 분은 붉은 고기보다 닭 가슴살을 먹는 게 나을 수 있어요. 다이어트를 위해 지방이 적은 음식을 먹는 것보다 적게 먹는 게 더 중요해요. 꼭 닭 가슴살만 먹으면서 다이어트를 할 필요는 없어요.

② 닭 가슴살 가공품 성분 위조 논란?
닭 가슴살이 맛이 없으니 등장한 게 닭 가슴살 가공품입니다. 이건 맛있어요. 인스타그램의 많은 셀럽도 이걸 먹고요. 그런데 이상하죠. 콩 심은 데서 콩이 나는데, 닭 가슴살로 만든 게 왜 맛있을까요?
최근에 한 단백질 소시지가 성분을 위조했다고 해서 논란이 된 적이 있습니다. 지방이나 탄수화물 함량이 기재된 것보다 훨씬 많이 들어 있었다는 것이죠. 맛있기로 소문난 제품이었습니다. 진위 여부는 확인할 수 없지만, 우리가 '감칠맛'이라고 느끼는 것은 지방에서 나온다는 것은 사실입니다. 닭 가슴살 가공품이 감칠맛 나게 맛있다면 의심해 볼 필요가 있습니다.
무엇보다 굳이 닭 가슴살을 고집할 이유가 없다는 것을 알았다면, 닭 가슴살 소시지를 먹느니 소고기를 구워 먹는 편이 나을 수도 있겠죠.

14WEEKS / DAY 1

월   일

오늘 목표

오늘 식단

| 아침 | 점심 | 저녁 | 간식 |

오늘 운동량

운동 후 느낀 점

운동 후 기분

다음 운동 목표

14WEEKS / DAY 2

월   일

오늘 목표

오늘 식단

| 아침 | 점심 | 저녁 | 간식 |

오늘 운동량

운동 후 느낀 점

운동 후 기분

다음 운동 목표

14WEEKS / DAY 3

월   일

오늘 목표

오늘 식단

| 아침 | 점심 | 저녁 | 간식 |

오늘 운동량

운동 후 느낀 점

운동 후 기분

다음 운동 목표

14WEEKS / DAY 4

월   일

오늘 목표

오늘 식단

| 아침 | 점심 | 저녁 | 간식 |

오늘 운동량

운동 후 느낀 점

운동 후 기분

다음 운동 목표

14WEEKS / DAY 5

월   일

오늘 목표

오늘 식단

| 아침 | 점심 | 저녁 | 간식 |

오늘 운동량

운동 후 느낀 점

운동 후 기분

다음 운동 목표

14WEEKS / DAY 6

월   일

오늘 목표

오늘 식단

| 아침 | 점심 | 저녁 | 간식 |

오늘 운동량

운동 후 느낀점

운동 후 기분

다음 운동 목표

14WEEKS / DAY 7

월   일

오늘 목표

오늘 식단

| 아침 | 점심 | 저녁 | 간식 |

오늘 운동량

운동 후 느낀점

운동 후 기분

다음 운동 목표

> Knowhow **다이어트=고구마?**

☐ 조리법에 따라 달라지는 GI지수
☐ 꽁다리까지 다 먹어야 한다고?

닭 가슴살에 이어 '닭고야' 중 하나인 고구마에 대해 알아보겠습니다. 결론부터 말씀드리면 고구마는 딱히 좋은 다이어트 식품이 아닐 가능성이 높습니다.

① 고구마가 다이어트 식품으로 불리는 이유
▶ 낮은 GI지수
GI지수(혈당지수)는 어떤 음식을 먹었을 때 얼마나 혈당이 빠르게 올라가는지를 나타낸 거예요. 고구마의 칼로리는 낮지 않지만 GI지수가 낮아요. 고구마는 GI지수가 55인데, 감자는 85예요. 즉 고구마를 먹으면 혈당이 서서히 올라가요. 그러면 지방이 느리게 축적되고 다이어트에 도움이 됩니다.

▶ 식이섬유 & 변비 예방
고구마는 다이어트를 하면 흔히 겪는 변비 개선에도 효과적이에요. 고구마에는 장 기능에 도움이 되는 잘라핀, 비타민 B_1이 많이 들어 있어요. 더불어 식이섬유도 풍부하고요. 그런데 왜 "딱히 좋은 다이어트 식품이 아닐 가능성이 높다"라고 했을까요?

② 고구마가 살찌는 식품이 되는 순간
▶ 조리법에 따라 달라져요
고구마를 고온에 오래 노출하면 GI지수가 올라가요. 군고구마는 다이어트 식품이 아니에요. 군고구마의 GI지수는 90이 넘어요. 아울러 '모든 고구마'의 GI지수가 낮은 것도 아니에요. 품종별로 천차만별이죠. 보통 달달한 것은 GI지수가 상대적으로 높아요. 즉 고구마는 날로 먹거나, 최대한 짧게 조리해서 먹을 때만 다이어트 음식이에요. 날로 먹기가 힘들다면 압력솥에 짧게 삶거나 전자레인지에 짧게 조리해서 먹어야 해요.

▶ 식이섬유는 꽁다리에만…
고구마 먹을 때 보통 꽁다리는 떼고 드시죠. 거기 뭔가 질겅질겅 씹히는 게 영 식감이 안 좋으니까요. 그게 섬유질이에요. 양 꽁다리를 떼면 식이섬유가 거의 남지 않아요.

Writing Therapy

나의 이야기를 완성해보세요.
손 글씨를 쓰다 보면 깊숙이 넣어두었던
생각들이 떠오를 수 있어요.

01

목표를 달성한 후 하고 싶은 것이 있나요?

02

나만의 운동 루틴이 있나요?

03

건강하게 지내기 위해 노력했던 일은 무엇인가요?

04

삶에서 운동은 어떤 의미인가요?

05

건강을 위해 유지하고 싶은 것과 바꾸고 싶은 것은 무엇인가요?

Publisher	김정호	Jungho Kim
Executive Director	하영춘	Youngchun Ha
Writer	히로인스	heroines
Editor in Chief	이선정	Sunjung Lee
Editorial Director	이진이	Jinyi Lee
Editors	강은영	Eunyoung Kang
	윤제나	Zena Yoon
Designers	박명규	Myeongkyu Park
	송영	Young Song
	표자영	Jayoung Pyo
	김민준	Minjun Kim
Sales&Distribution	정갑철	Kapchul Jung
	선상헌	Sangheon Sun
	조종현	Jonghyun Cho

초판 1쇄 발행일 2023년 4월 12일

ISBN 979-11-92522-43-2 (93320)
서울 중구 청파로 463 한국경제신문사 6층
02-360-4859
hankyung.com

B O O K

우리가 사랑한 커피

빨갛게 익은 커피체리 속 생두가 한 잔에 담기기까지. 농부에서 커퍼, 로스터, 바리스타 등 많은 사람의 손을 거친다. '커피 벨트' 어딘가에서 수확된 그 작은 한 알이 어떻게 내 눈앞 커피 한 잔으로 옮겨 온 건지 생각해보는 것만으로도 수많은 이야기가 피어난다. 커피 한 잔을 두고 나누는 대화도 그렇다. 그렇게 전 세계 1000억 달러 이상의 가치를 지닌 산업으로 자라났다.

틈틈이 가족 여행

떠나야만 비로소 알 수 있는 여행의 묘미. 자칭 여행 고수, 미식가, 문화해설사를 자부하는 〈SRT 매거진〉 여행 기자들이 대한민국 곳곳을 누비며 기록한 여행의 기억을 공유한다.
산으로, 들로, 바다로, 아이와 함께 떠나기 좋은 국내 여행지 170선과 여행지를 200% 즐길 수 있는 여행 꿀팁을 소개한다.

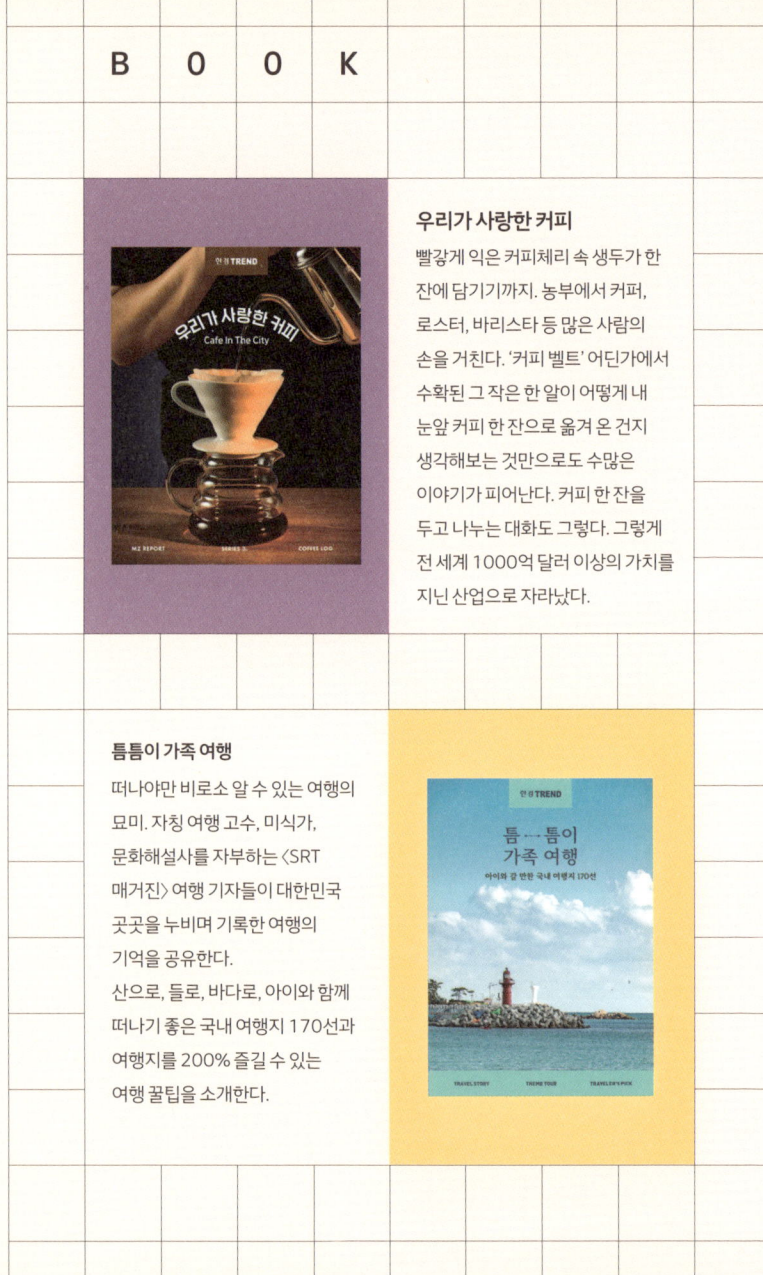

C U R A T I O N

요즘 뜨는 막걸리
부모님 세대부터 MZ세대까지, 요즘 막걸리는 전 세대를 아우르며 큰 인기를 누리고 있다. 왜 이토록 막걸리가 '힙'해졌을까? 왜 청년 양조인이 늘고 있을까? 이 책은 북위 33도에서 38도에 걸쳐 대한민국 크고 작은 양조장 26곳의 막걸리를 찾아 떠난 기록이다. 그들은 술을 빚고 브랜딩 하는 모든 과정에 자신의 이야기를 담고 있으며 문화적으로도 다양한 시도를 이어가고 있다.

요즘 환경 브랜드
젊은 층은 자신의 일상을 콘텐츠화 하고 공유하는 것을 즐긴다. 그들이 먹고, 자고, 쉬는 모든 일상은 다른 누군가에게 영향을 주고 또 영향을 받는다. 이들은 자신의 신념에 따라 소비하는 경향이 뚜렷하게 나타나며 가치 소비를 넘어 마케터를 자처한다. 현시대의 소비 트렌드를 비롯해 환경 문제 해결에 나선 친환경 브랜드의 경영철학과 마케팅 포인트를 짚었다.